考古随笔

一

考古随笔

一

陈星灿 著

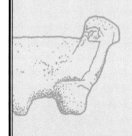

文物出版社

图书在版编目（CIP）数据

考古随笔. 一 / 陈星灿著. -- 2版. -- 北京：文物出版社，2020.12
ISBN 978-7-5010-6908-8

Ⅰ. ①考… Ⅱ. ①陈… Ⅲ. ①考古学－中国－文集
Ⅳ. ①K870.4-53

中国版本图书馆CIP数据核字(2020)第242236号

考古随笔　一

作　　者：陈星灿

封面题签：罗　丰
责任编辑：谷艳雪
再版编辑：孙　丹
装帧设计：刘　远　程星涛
责任印制：陈　杰

出版发行：文物出版社
地　　址：北京市东直门内北小街2号楼
邮　　编：100007
网　　址：http://www.wenwu.com
制　　版：北京荣宝艺品印刷有限公司
印　　刷：北京雍艺和文印刷有限公司
经　　销：新华书店
开　　本：889mm×1194mm　1/32
印　　张：8.75
版　　次：2020年12月第1版
印　　次：2020年12月第1次印刷
书　　号：ISBN 978-7-5010-6908-8
定　　价：58.00元

再版自序

这本小书，是我学习考古学前二十年的随笔集。说是随笔，是因为收入本书的文章，只有少数几篇勉强称得上是论文，其余都是随笔——率性、随意、不事雕琢、想起什么就写什么，虽然中心是考古，但看起来又不那么考古。差不多二十年后的今天，文物出版社计划再版它，我重读一过，虽然自觉不少文章幼稚可笑，但仍为有人愿意读它们而高兴，更为当年有勇气写下这些不成熟的文字并敢于呈现到读者面前而有点不可思议。我这么说，是觉得有些题目我现在不敢写了；即便写了，也不会比当年写得更好，所谓"初生牛犊不怕虎"，就是这个样子吧。

文物出版社建议把这本《考古随笔》变成《考古随笔一》，是因为差不多十年后我又出版了《考古随笔二》（文物出版社，2010年），现在又要出版《考古随笔三》（文物出版社，2020年），今年三本同出，把它变成《考古随笔一》，似乎也说得过去。三本书名字相同，主题也一样，但要说好看，我觉得还是这一本。需要说明的是，这本书我只是通读了一遍，修改了某些文字上的错误，并没有收入新的文章，如果读者诸君有《考古随笔》（文物出版社，2002年），那也就没有必要购买这本新版的旧书了。

我要感谢文物出版社的厚爱，感谢编辑谷艳雪和孙丹女士，更要感谢亲爱的读者还愿意读这本不成样子的小书。

陈星灿

2020年12月21日

于国家体育场北路一号院三号楼考古研究所新址

弁言

世上的书有两种，一种是必须正襟危坐读的，另一种是可以躺在床上随便翻的。我的这本小书属于后一种。

我本无意把这本书中的文章结成一个集子，从这些文章所谈题目的散漫读者大概也可以明白。我的这些小文，其实充其量也就是读书的札记。之所以把它们发表，一方面是由于发表的欲望，另一方面也是希望把问题提给同好，或者可以由大家把这些问题深入地研究下去。

考古和读书的时候，我每每把有所心得的地方记在笔记本上或者一张随便什么样的纸片上，类似的记录多了，就成了一篇札记。朋友们催稿，就从这些笔记里挑出几则来，稍事加工，聊为应付。所以，虽然有的心得早已有之，但是成文却晚；而且往往是由于心血来潮，一次写下若干篇——因而不免疏漏——也是常有的事。但是，我常常偷懒，这样的时候，这些读书心得就会随风飘去——这种情况其实很多，虽然过后往往后悔，但也是没有办法的事。

这些札记在报刊上发表后，总能得到或多或少的反响。有些是写给报刊跟我商榷的，有些是直接写信或打电话给我指正的，还有的是提供新的线索和给予鼓励的，这些都让我

陈星灿

1991年获历史学博士学位，现为中国
社会科学院考古研究所所长、研究员，
研究方向为中国史前考古学。

图为2000年在法国
巴黎塞纳河上

感动。这里要特别感谢吴汝祚先生、牟永抗先生；我觉得学问的一切快乐都体现在这美好的切磋中了。我把这些指教以不同的方式融入这本小书，算是对师友们的答谢。

说可以躺着看这本小书，是因为书中涉及的问题，都不是什么了不得的问题，有许多是大家看不上的，也有不少是别人注意不到的。我选择这些问题做文章，当然跟我的爱好有关，也跟我的学习背景有关。我在中山大学人类学系考古专业受教，虽然学的是考古，但是人类学的倾向很明显。后来到考古研究所读书和工作，虽然这里是历史学传统的大本营，但并不排斥人类学的东西，两相比较，更有许多会心的快乐。再后来，到哈佛大学跟张光直先生学习一年，每每为他的人类学的视角和方法所影响。所以如果这些文章有一点可取之处，首先该归功于我自大学时代以来的师友。至于文章的浅薄和错误，那是由于我个人学识的局限，跟人类学的传统和我的师友无关。

还有一些文章是我读外文书得来的，当时看到对国内的研究有益，就编译下来，公诸同好。这样的笔记做得少而零碎，如果系统做会有很多的收获——可惜现在是一个"屁股决定大脑"的时代，人们都忙得屁股不能挨地儿，不要说外文书，就是中文书，也难得有仔细琢磨的时候了。

由于文章本身就是札记性质的，又考虑到报纸发表的局限性，所以许多问题都是浅尝辄止，不能深入。另一方面，更大的问题是我不具备前辈学者深厚的学术功力。顾颉刚先生的《浪口村随笔》、陈登原先生的《国史旧闻》以及清儒顾炎武的《日知录》、赵翼的《陔余丛考》、王念孙的《读书杂志》等等，往往用很少的文字解决千百年使人迷惑的问题，每每使我折服，但是，真正自己下起笔来，却举步维艰甚至寸步难行。所幸的是，这些文章虽然浅薄，但都是围绕考古学的问题展开，即便不能由此深入，也许能够增广见闻，如果能够达到这个目的，我的心愿足矣。

　　文物出版社愿意把我的小文结成一个集子，是我的莫大荣幸。这些小文，随写随扔，有不少用的还是笔名，过后连我自己都不知道写过什么和发表在什么地方了。现在有机会把它们收集在一起，虽然只是其中的一部分——有些是没有发表过的，但能够有机会看看这二十年学习考古的副产品还是有益的。在此我特别向文物出版社一直督促和鼓励我的于可可女士表示感谢。已经发表的文章，多是在《中国文物报》和《文物天地》这两个园地里，我这里要向两刊的许多编辑特别是《中国文物报》的曹兵武、李卫、张自成先生和《文物天地》的于采芑、赫俊红女士致谢。本书《四千年前中国人已成功实施开颅手术》《史前时期的头骨穿孔现象研究》《洞穴艺术的生态学解释》三文分别是与韩康信先生、傅宪国先生和赵妲女士合写的，他们允许我把这些文章收录到这本小书里，我要再一次向他们致谢。我的同事黄卫东、杨结实先生在我即将出访哈佛的日子里，帮我料理出版前的事宜，特别是结实将书中线图重新描绘、卫东帮我校对文稿，是我尤其要预先感谢的。

这书太小，原不值得奉献给谁。不过献书终究是文明社会的一件雅事，我就把它奉献给我尊敬的已故的老师张光直先生。先生对我寄予很大的希望，可这希望之于我恐怕不免有西瓜跳蚤之讥。但先生对我从来都是鼓励和信任，我相信这次也是。

陈星灿

2001年7月13日夜于郎家园蜗居

目　录

民族考古

考古新知

吐舌人像的滥觞

吐舌人（神）像在先秦时期的楚国和汉时楚地的出土物上常见。凌纯声先生曾写过《台东的吐舌人像及其在太平洋区的类缘》（《"中研院"民族学研究所集刊》2期，137～162页），对长江中游乃至整个环太平洋地区的古今吐舌人像进行过一番研讨。这种吐舌人像的历史可以上溯到什么时代？1981年，湖北省钟祥县（今钟祥市）六合遗址曾出土过一个玉雕人面像，圆脸，耳下有环，吐舌，但没有楚国常见的吐舌人像的舌头那么长，似乎只是点到为止（图一）（荆州地区博物馆等《钟祥六合遗址》，《江汉考古》1987年2期）。这件玉雕人像系石家河文化遗物，年代在4000年以前。20世纪90年代初，湖南沅水中游的高庙遗址和长沙大塘遗址出土了3件刻划着所谓"兽面神徽"的陶器（图二、三、四）。其中大塘所出陶碗底部的神徽，在两对上下交错的尖利的獠牙之间，是一个吐出的舌头，形态与楚国文物上常见的吐舌形象类似。（见图三）

据对高庙遗址的^{14}C年代测定，知出土"神徽"陶器遗存的年代在距今7400年左右（树轮校正值），大塘遗存的年代与此相仿（贺刚《中国史前艺术神器的初步考察》，湖南省文物考古研究所编《长江中游史前文化暨第二届亚

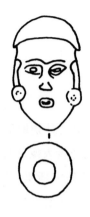

图一　钟祥六合遗址出土的吐舌人像
图二　高庙遗址出土陶罐及戳印篦点图案
图三　长沙大塘遗址出土陶碗底部图案
图四　高庙遗址出土陶簋及戳印篦点纹图案

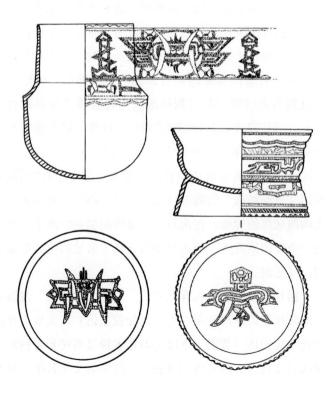

洲文明学术讨论会论文集》，岳麓书社，1996年）。如果真是这样，吐舌人像的历史将上溯到七八千年前长江中游地区的史前文化中，这个地区正是日后楚文化发达的地方。

（原载《中国文物报》1998年1月14日）

石家河文化"人抱鱼"形象试解

　　陶塑的"人抱鱼"形象，又称"人抱鱼形器"，是石家河文化晚期的一个重要文化现象（孟华平《浅议"人抱鱼形器"》，《中国文物报》1994年4月24日第3版）。人，作蹲踞姿或跪姿，两臂前垂，双手抱鱼，左手后托鱼尾，右手前按鱼头；鱼，头部浑圆，尾部分叉，毫无疑问是鱼的形象（图一）。有学者把这种人怀抱中的鱼，当成鱼形的乐器，因此"人抱鱼"被释为原始乐师演奏乐器的表现。考虑到遗址中也出土过一些作舞蹈状的陶塑人物造型，这种解释可备一说。但是，"人抱鱼"表现祭祀的场面，在中国古代的出土物上，也不是没有。比如，云南晋宁石寨山出土的滇国青铜器上，就描绘着生动的捧鱼祭祀形象。捧鱼的人，头发高高地盘在头顶，着裙服，双脚并拢，后脚跟上提，双手把鱼抱在胸前，作恭敬状；被抱的鱼，体大，头部翘起，分叉的尾部似在摆动，极富动感（图二）（参见罗钰《云南物质文化·采集渔猎卷》，云南教育出版社，1996年，112～113页）。石家河文化"人抱鱼"的形象，也可能是类似祭祀或仪式场面的表现。它的确切意义，也许永远被历史的厚幕掩盖了；但是民族学的资料告诉我们，动物常常被认为具有某种神秘的对人有作用的特性，因而人们通过模拟或顺势巫术的方式，把动物的这种力量，传递给人类。实际

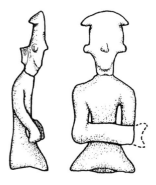

图一　石家河文化"人抱鱼"陶塑　　　图二　滇国青铜器上的捧鱼祭祀人

上，无论是祭祀鱼神或者是把鱼作为牺牲祭祀祖先和鬼神的做法，在世界各地民族志中都有发现。

（原载《中国文物报》1998年1月7日）

上古以皮毛为目的的渔猎工具

《尚书·尧典》："仲春，……鸟兽孳尾。……仲夏，……鸟兽希革。仲秋，……鸟兽毛毨。仲冬，……鸟兽氄毛。"说明古人对鸟兽一年四季皮毛变化的观察是很细致的。正如北极因纽特人把我们看来是一样的雪花叫成几十个名字一样。《禹贡》记载上古九州的物产，许多州的贡品都提到鸟兽的皮毛，如扬州要贡"齿革羽毛"，即象牙、犀皮、鸟羽和牦牛尾；荆州要贡"羽毛齿革"；梁州要贡"熊罴狐狸"，即熊、罴、狐、狸四种野兽的皮毛。说明皮毛和鸟羽是上古很重要的生活和仪式材料。因此如何猎取完整的没有血污的羽毛和鸟兽甚至鱼类的皮革，就成为一件很重要的事情。

近来有机会目验了4000多年前龙山文化时期的两个石镞和一个骨鱼镖，似乎找到了一点答案。标本1，河南临汝（今汝州）煤山遗址出土石镞，编号75LMT25③B：3，长7.5、冠径0.7厘米。圆铤，圆头，通体光亮（图一）（中国社会科学院考古研究所河南二队《河南临汝煤山遗址发掘报告》，《考古学报》1982年4期）。标本2，河南临汝煤山遗址出土石镞，编号75LMT19③：1，长8.1、冠径0.9厘米。圆铤，圆头，通体光亮（图二）（参见上注中国社会科学院考古研究所河南二队）。标本3，河南永城王油坊遗

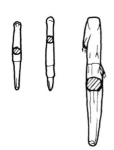

左：图一　石镞75LMT25③B：3
中：图二　石镞75LMT19③：1
右：图三　骨鱼镖77YWT18H8：1

址出土骨鱼镖，编号77YWT18H8：1，长14厘米，扁头，头宽1.3厘米。有不对称倒刺，刺很短。一面较粗，一面磨制精细。刃部光亮，但不锋利，近刃部一倒刺有残损，另一较短如鱼鳍状。第二倒刺处有一浅沟，似为捆绑绳索之用。（图三）（商丘地区文物管理委员会等《1977年河南永城王油坊遗址发掘概况》，《考古》1978年1期）

　　与史前大量的尖头镞不同，两件石镞的头极圆，显然不能起到穿刺作用；但圆铤、圆体的对称特征，表明弓箭力度很大，即使不能穿入鸟兽肉体，也一定能击落飞禽或者击倒一些较小的陆地动物，达到擒获鸟兽而又不伤其皮毛的目的。

　　值得注意的倒是那件扁头骨鱼镖，所以称为鱼镖，并无肯定的证据，不过是它与一般的鱼镖相似而已。但与一般的鱼镖不同是，它的头不是尖的，而是呈比较圆钝的凿口状。想来目的也不是为了射入鱼的身体，但作为鱼镖，其目的在于捕鱼，所以可能的解释也必是为了取得完整的鱼皮或者兽皮。骨镖上的倒刺，大概只是为了不让鱼镖失去而已。

　　过去我们对这一类的器物注意较少，其实史前和商周时期的遗址皆有出土，在分类上我们往往仅仅把它们划入一般的镞或镖而已，但从功能上看，这类器物应当别论而不能与一般的镞和镖混为一谈。

（原载《中国文物报》1998年2月25日）

再说古代的非尖头镞

　　过去说过在中国的龙山时代曾发现过圆头的石镞、骨镞，并结合古代典籍证明其功用主要是为了取得鸟兽的毛皮。这篇小文发表后，我在不经意之间又发现不少类似的材料，说明这种圆头的镞甚至更广义地说是非尖头的镞，在中国使用的时间很长，在世界许多文化中都有发现，如果好好收集，实在是一个可以研究的题目。

　　比如，安阳市博物馆就陈列有商代的圆头镞，形状与河南龙山文化发现的类似。汉晋时代的新疆更有多种多样的圆头镞，而且由于保存条件很好，弓和箭杆都在，可以做很好的模拟实验。比如最近发表的新疆民丰县尼雅遗址95MNI号墓地M8，出土木箭4支（M8：15）。箭皆用长木枝条刮削而成，两头略细，中部稍粗；箭头圆形，涂黑，尾部有黑、红色彩绘，并见绑附羽翎的痕迹；弦槽外有加固用的缠绕物。长80～81厘米（图一）（新疆文物考古研究所《新疆民丰县尼雅遗址95MNI号墓地M8发掘简报》，《文物》2000年1期）。据观察，这些箭头都作前端略大后部略小的圆形，类似的形状过去在新

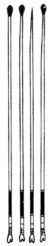

图一　新疆民丰尼雅遗址出土圆头镞

疆的汉晋时代遗址屡有发现，不足为奇。据说新疆过去还出土过骨制的头部很大的镞，"活像一个攥紧的拳头，圆钝而有棱角"。（柳用能《新疆古代文明》，新疆美术摄影出版社，1999年，19页）

汉晋时代的中原地区，也仍在使用类似功能的镞，但形状又有不同。比如，1953年发掘的东汉末年的山东沂南画像石墓，在其墓门当中的支柱上部，刻一个拉弓的武士，两足踏着弩弓的背，双手用大力拉弓弦，口中横衔一长箭，两臂上下各有一个像手臂的东西，可能表现弩箭的袋子。有意思的是，这个长箭类似新疆出土的那种长杆箭，只是箭头很大且端部呈一个平坦的面，很像莲蓬的形状。（图二）（曾昭燏、蒋宝庚、黎忠义《沂南古画像石墓发掘报告》，文化部文物管理局出版，1956年，13页）

圆头的镞，在古代的埃及和欧洲也有众多发现。法国卢浮宫古代埃及陈列，有一个埃及第18王朝（前1584～前1320）的木箭，头部圆形，箭杆约1厘米粗细，长约50厘米，类似新疆的发现。其实公元前2033～前1710年的古代埃及的非尖头的镞出土过许多，只是形状各异，有平头、各种各样的圆头、铲状头等等，说明它们可能有不同的用途。（图三）（2000年6月25日笔者参观记录）

使用非尖头的镞，是人类长期以来在生活实践中摸索出来的经验，未必有从此到彼的传播关系。我在挪威历史博物馆见到南美热带雨林亚诺马弥（Yanomami）部落使用的长杆木箭，木杆长约2米，端部有4个撇向四周的类似鸡爪状的箭头，后端还饰有尾羽（图四）（2000年8月13日笔者参观

图二　山东沂南画像石墓中描绘的平
头镞

图三　古代埃及出土的形式各异的非
尖头镞

图四　南美洲亚诺马弥印第安人用的
爪形木箭

记录）。这么长的箭杆，恐怕可以作标枪使用，但那不破坏猎物皮毛的用意显然是一样的。

2001年2月18日

头骨穿孔的奥秘

　　我们在河南做考古调查时，曾在焦作市的武陟县大司马遗址采集到一个穿孔的人头骨片（图一），因为刚刚被农民挖出，知道是从由两个陶瓮套接而成的瓮棺中出土的。陶瓮是龙山文化的遗物，所以这块穿孔的头骨片可以上溯到距今4000年以前。

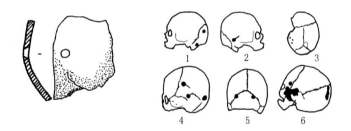

　　左：图一　河南武陟大司马遗址出土的穿孔头骨片
　　右：图二　新疆察吾乎沟四号墓出土头骨穿孔示意图
1、2. M201:C（左、右侧面）　3. M113:C（顶面）
4、5. M129:G（侧、后面）　6. M113:B（侧面）

　　从这个穿孔头骨片出发，我们对史前时代的头骨穿孔现象，进行了比较详细的分析和研究。发现青海乐都柳湾、民和阳山，新疆天山阿拉沟墓地、哈密焉不拉克墓地及和静察吾乎沟四号墓地等都有头骨穿孔的实例（图二）。欧洲、西亚和南美也有不少这样的例子。穿孔的原因何在？根据民族志的材料，我们认为虽然具体的目的因文化不同而有所不同，但总体说来似乎不外乎两个：一是宗教的，一是医疗的，且两者有密切的联系。（参见本书《史前时期的头骨穿孔现象研究》）

曾有研究者推测穿孔的目的是为了取下头骨片用作护身符，不过我们的分析显示，在目前我国已经发现的材料里，这样的推断证据不是很足，因为穿孔都很小，实际上既不易取下头骨片来，更不易用取下的骨片作为护身符。但是我国西藏东部地区某地，确有取下头骨片用作法器的例子。他们通常是在人死后，把死者的头颅割下，然后在其额骨上钻孔取下头骨片。骨片有五分硬币大小，联在一起做成法师念咒的串珠，上面刻画本生神、药王、忏罪佛、瑜伽神等佛教神圣，据说跟超度有关。论文发表后，我们又发现了一些新的穿孔材料。近读《水浒传》，发现在第三十一回《张都监血溅鸳鸯楼，武行者夜走蜈蚣岭》中，武松改做行者，从孙二娘那里继承了一套一个被她杀掉的头陀的行头，其中就有"一串一百单八颗人顶骨数珠"。说明在施耐庵的时代，就有取下人头骨片做念珠的风俗；而考古学和民族学的发现，又反过来证明《水浒传》的许多描述是有历史依据的。

（原载《中国文物报》1998年4月22日）

四千年前中国人已成功实施开颅手术

　　开颅术是一项技术难度大、危险性高的外科手术，即使在科学技术高度发达的今天，要实施开颅手术也非易事。但目前的研究表明，中国古代从距今4000年前开始，已经成功地实施了这一手术，从而揭开了被中外医学史家称之为"值得探讨的古人类之谜"和"文化之谜"。

　　一百多年来，曾有不少考古学和民族学的证据表明，开颅术在古代的欧洲、非洲、南美洲、中亚甚至大洋洲均有成功的实施。最初的颅骨穿孔手术在法国可以追溯至距今7000年前，在乌克兰则可以更早至公元前六七千年前，但是，这一重要的文化现象，唯独在中国没有确凿的证据发现，这曾一度令中外科技史家和医学史家感到困惑。世界著名中国科技史家李约瑟教授曾根据《三国志·魏书·华佗传》的记载，推测这一手术有可能公元3世纪始在中国出现，但他同时指出比较可靠的关于中国古代开颅手术的记载，见于宋元时代的著作，据说这一技术是唐宋之后由阿拉伯人带来的。尽管如此，此前并无任何实物发现证实这些记载。

　　最近的研究证明，实际上中国近几十年的考古实践，已经在很多古代遗址发现人类头骨的穿孔现象，其中在青海民和、大通，河南安阳和黑龙江泰来等地的四个古代墓地出土的5例标本上，显示了比较清楚的手术迹象，标本的年代范围则从距今4000年前的新石器时代晚期经青铜时代延至汉代，表明这一高难度的外科手术技术，至少在公元前2000年前即已被我们的祖先掌握，此后并不止在一个地区得到了成功的实施。

时代最早的一例标本，系青海民和县阳山墓地70号墓的墓主人——一个距今4000年前的成年男性个体的头骨。在这具头骨的后顶部有一个略呈圆钝三角形的大孔，其最大矢向径和横径约为42毫米×33毫米，孔的创缘已钝化并生出许多小尖刺状骨赘（图一）。在孔的周围还可观察到宽约8毫米的刮削面，其表面业已钝化，并呈"晕圈"状向创缘方向逐步变薄。此外，在头骨的右顶骨上还有两处因生前遭受某种器具打击留下的骨折凹陷和炎症穿孔（图二）。正是由于这两次重击造成骨折并导致颅内炎症，人们才在其头顶处实施了开颅手术，凿开了一个钝三角的大孔。从开孔的创缘

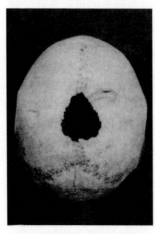
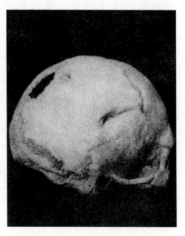

图一　青海民和阳山M70人头骨　　　图二　青海民和阳山M70人头骨

生出骨刺及"晕圈"状刮削面已显模糊看，术后病人依然存活，手术很成功。

在已经发现的几例颅骨穿孔手术中，手术难度系数最高的当数对青海大通上孙家寨墓地392号墓墓主人所实施的开颅手术，其规模之大，实属世界罕见。在这位3000年前的中年男子的头骨上，开孔差不多横贯整个脑颅，从左至右直线距离达115毫米，前缘横弧长度约155毫米，最宽处约30毫米（图三）。在此大型脑颅开口的前后创缘各有一个小型穿孔，很可能是该男子在术前曾受过创伤的痕迹，也是他生前接受手术的主要原因。据观察，开口的创缘已钝化并伴有发育程度不等的再生骨赘。这说明手术成功，手术后该男子依然存活了一段时日。尤其值得注意的是，左侧创缘骨赘的次生现象强于右缘，而创孔前缘的骨赘再生又强于后缘，特别是右侧后缘外骨板刮削面更清楚，其创缘几无骨赘再生，说明此次手术后存活的时间不长。因此推测左右和前后的手术时间可能有间隔，也就是说曾不止一次对该男子实施过开颅手术。

研究显示，大部分的开颅手术都是为了减轻因头骨骨折发生脑水肿或脑内溢血症状而产生的颅内压力。因此，最近发现的

图三　青海大通上孙家寨M392头骨

穿颅术标本无疑对中国古代创伤和病理治疗的历史研究提供了极为重要的证据，同时也把中国开颅手术的历史前推至距今4000年以前，揭开了长期以来令科技史界感到困惑不解的医学文化之谜。

（原载《中国社会科学院通讯》1999年8月24日）

墓上建筑始于何时

中国古代的墓上建筑始于何时？这的确是一个不小的问题。过去曾有不少争论，要解决它，首要的任务是给墓上建筑定义、定性，因为这是涉及古代宗教和信仰等很多方面的问题。但是作为墓葬标志的墓上建筑始于何时，却是可以从考古学上找到不少证据的。历史时期的自不必说，远在数千年前的裴李岗时代，人类的墓葬就已排列有序，秩序井然（见图）（参见中国社会科学院考古研究所河南一队《河南郏县水泉新石器时代遗址发掘简报》，《考古》1992年10期）。如果没有墓上建筑作为墓的标志，要做到这一点大概只有两种情况：一、人们在同一时间死去，一同下葬；二、死后放在土坑中并不掩土埋葬。这两种可能性在大部分墓地找不到证据。对农村熟悉的人都知道，即便是现代人的墓葬，墓上有高大的坟丘，或者甚至有后人栽下的树木，也还是免不了被后死者的墓坑所打破。道理很简单，因为作为坟丘的堆土是不断变化和移动的，而树木只能确立点而非面。那么，史前的人又是靠什么标志，使得相隔多年的墓葬彼此排列有序互不相扰的呢？我猜想除了用石头等坚固的物体竖立在墓坑的四角之外，最大的可能是在墓上搭建起简易的木棚或竹棚，既为墓标，也可作祭祀或其他宗教方面的运用。汪宁生教授在其新著《西南访古三十五年》（山东画

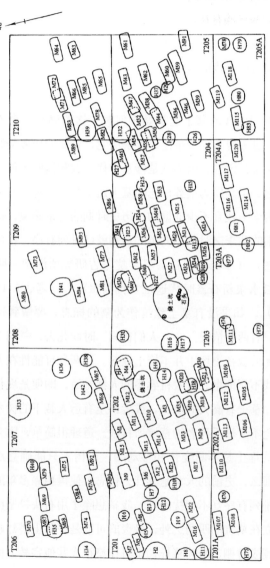

河南郏县水泉遗址裴李岗文化墓葬分布图

报出版社，1998年）一书中，就披露了云南西双版纳曼卡地方的基诺族有在坟上盖小竹房的风俗。这当是远古时代墓上建筑的孑遗。今后发掘史前的墓葬，也应给予墓坑周围的建筑遗迹以高度的重视。

（原载《中国文物报》1998年5月20日）

口琀的起源

　　历史时期的口琀，有玉做成的玉蝉等等，也有以其他装饰品比如玉玦替代者，此风可追溯到龙山时代。在山东地区，大汶口文化中就有以"镞形器"作口琀的。这应当是商周时代口琀的直接来源。这种风俗再前可追溯到什么时代？读《内蒙古敖汉旗兴隆洼聚落遗址1992年发掘简报》（《考古》1997年1期），知兴隆洼M118墓主口中即含有石管1

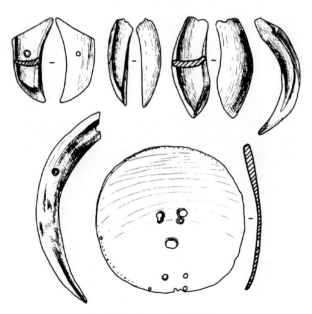

兴隆洼遗址M118墓主的饰物

件，当为口琀之滥觞。此墓墓口长2.5、宽0.97米，墓主男性，仰身直肢，头向西北，面略向西南，双手平放在臀部两侧下面，双腿并拢。人骨右侧有两具完整的猪骨架，一雄一雌。随葬品丰富，有陶器、石器、骨器、玉器和蚌器。其中颈部周围有石管5件，墓主口中及胸部各有石管1件，另有2件石管在右臂下和盆骨下。右臂内侧出1件玉玦，一猪腹下鼠洞内亦有玉玦1件。墓主右手背上有圆形蚌饰1件，将手盖住（见图）。从随葬品的摆放位置看，口中的石管显系有意为之，当为死者的口琀无疑。

（原载《中国文物报》1998年7月15日）

古俗新研

现代的古代

——豫西灵宝埋葬风俗纪实

　　这是2000年岁末在灵宝铸鼎原考古期间所记日记的一则，虽是民俗的实录，但因对考古学的研究有价值，故披露如下，以供同好参考。

　　2000年11月13日，晴，冷。

　　前日村（西坡）中一郭姓女人死，阴阳先生算今日中午一点钟下葬（没见过这个阴阳先生，据说不是本村的。因为阴阳先生所知太多，所以往往少子或无子嗣，以示天惩。但少子无子是因是果，村民却不去管它）。

　　此女子丈夫今年一月因车祸死，她则因煤气中毒而亡。她年仅57岁，有二子二女，女嫁，二子尚未娶。长子呆，次子也已20多岁，生活困难。

　　死者的墓地在村南。南边2千米即是轩辕台，实即秦岭的一部分。昨天下午我和明辉抽空去看坟地，见四个工人正在挖平面略呈梯形的竖穴，已有两米多深。但向南掏挖的洞室尚未开挖，出土的任务很重，据称昨天只挖了半天，当夜要连续挖掘，至迟今天上午十点必须完成。墓穴略呈西南东北向，墓主人头南脚北，其丈夫的墓葬并列在此墓西侧，间距约1米左右。

知道了下葬时间，中午一点即到死者家门外探望。村民们在路口三三两两地观望。一班乐人不停地在村中逛，主要穿梭于死者大门和出殡必经的路口之间。路口摆一面大鼓，另有两个镲、一面锣不停地敲打，乐手都是我们的民工。游动的乐队由笙、二胡、号手等组成，笙人就有三个，是农村的专业乐队。

其先是死者的儿子和女婿们由乐队引导至大门外路口，下跪如仪，大哭。然后由村民劝回（此时因我离开去坟地，细节不详）。不久，一群女子从家里出来。皆身穿白衣，头戴由两块或一块麻布做成的长条状手帕，遮着头前后两面，身后的一面还要在腰间绑一下，几拖至地。前面大概是为了遮盖面部，可能兼具实用和仪式的双重作用，即一面为了不让观者看见其真实表情，另外一面也是防止死者灵魂的可能骚扰。埋葬仪式中体现的生者对死者的矛盾心情，处处可见。女宾哭着逶迤而去墓地，死者的女儿、侄女和孙女们手持铭旌——各种深浅不一的红色旗帜——红白相间，煞是好看，给悲伤的送葬队伍平添了喜庆色彩。遮面的手帕往往边上染上或缝上红色条带，女人的衣服上也缝上红布条，用以辟邪。据说这红布条就是从以前送葬的铭旌上撕下的。

我等不及送殡队伍，只好随女宾队伍先到坟地。我去的时候，女宾们已经把铭旌插到从墓穴中挖出的土堆上。三三两两地或站或坐聊天。我不好意思到近前观看，就只好同掘墓人聊天。据说，那些妇女手

持的旗帜，就叫铭旌，不过上面不写铭旌而写"恭
旌"，是由死者的女性晚辈手持到墓地的。男性不操
铭旌，他们自己也不能解释其中的原因。下葬时，铭
旌要铺到棺盖上。又说牢盆叫孝子盆，一般是死者的
兄弟手持，由村民中受过专门训练的人手持棍棒，像
少林弟子那样在玩功夫中将其打碎云云，与我家乡由
死者长子手持牢盆将其摔碎在地不同。

　　我因好奇墓葬的结构，所以请求上前观看。
掘墓人说没有问题，只要我敢下去，主人家不会过
问。我征得同意，两手撑地，一纵身就跳了下去。
墓坑不太深（据说人越老，墓坑就越深，是由所谓
九九八十一、九九归一的思想使然）。洞室开在竖穴
的南壁，洞室的顶部距离地面150厘米左右，洞室里面
略呈长方形，门口留有边框，使呈门状。墓道呈斜坡
状，洞室内放两根桐木棍，像两道铁轨，目的是为了
便于棺材的运行。洞室中空间较大，中间略宽，顶部
较平，不呈穹隆状，门口也较大，不似一般的门口那
么小，要到通过棺材的时候穿破。推测可能是由于时
间仓促，来不及精雕细刻所致。

　　然后我出来细细地查看铭旌。这个当年在马王堆
汉墓出土时争论很多的东西，其实在这里非常清楚。
它一般宽约60厘米，长约150厘米，在窄幅的两端缚
以木棍，然后把其中的一端，绑在一条长棍上，形成
一个不能随风飘扬的旗帜。这些用绸布做成的旌旗
上，不写铭旌，却用黑墨写成"恭旌"的字样。特点

如下：

第一，铭旌由红色的绸布或被面做成长条形，大都很长，但小孩子送的较小。

第二，左上书"恭旌"，中间写"郭儒人之灵"，说明此物代表死者的灵位，也即郭某本人。

第三，右下角书"某某某"，如"侄女某某"。所以虽然记录了呈献者的大名，但这个旌旗代表死者本人无疑。比如其中的一个这样写："恭旌 大闱范郭儒人在阳享寿五旬有七之灵 侄女某某某。"据说个别铭旌上也有绘死者画像的，但这次没有看到，这更支持铭旌即代表死者本人的观点。

下午2点，死者的大女儿手持一大红铭旌哭声震天而至。她由一人搀扶，声音已哑。待来到墓前将铭旌插下，又喊着向墓坑中爬去，被人拉住，然后又跳下去，哭喊着，最后被人拉上来。第一次大概是仪式性的，第二次才表示对母亲的哀悼之情。这个女儿一直在哭，直到土堆成坟，还号哭不止，但大多数人无动于衷，甚至大喊大笑，充分显示我们是一个乐感十足的民族。

再一会儿，四人抬棺，后面跟着孝子孝孙而至。男人白头白衣，但据说这样的装束只限于至亲。有人告诉我，在村口已将孝子盆击碎，持盆者即为死者之弟。

棺材倒抬进墓地，到墓地后又反过来，将头调正，使头朝前。棺盖上有一个布罩，内有一个用细木

棍做成的撑子，布罩撑在这个木撑子上，然后再固定
到棺盖上。布罩上黑下紫，四角及中央被木撑子上的
五个短木棍撑起，像五个支脚，中间用大红布，前用
以红为主调的花布，后用以蓝为主调的花布撑成杯
状。中间的一个，插有松柏树枝，显有驱鬼辟邪的用
意。（《述异记》云，"秦缪公时，陈仓人掘地得
物，若羊非羊，似猪非猪。缪公道中逢二童子，曰：
'此名蝹，在地中，食死人脑。若以松柏穿其首，则
死'。故今种柏在墓上，以防其害也。"可以为证）

待棺材卸下后取下布罩，女人们把铭旌从插在地
上的长木杆上取下，层层叠在一起，卷起来，放在地
上。还有不少妇女从铭旌上撕布条，用以驱邪。大小
铭旌至少有6个，卷起来后像一匹红布。

棺材放下后，孝子们呈扇形跪在棺前的空地上，
由于被苹果树分开的原因，人们跪得很开，随着乐器
的指挥，行礼如仪。只跪了两次，仪式结束，开始下
棺。抬棺的绳子前后拦腰绑在棺的前后端，然后用一
根木杠穿起，多人用力把棺材放入墓道。落下之后，
由于洞室的门较小，又有人用铁锨将墓门捅了两下，
然后慢慢把棺材移到木轨上，后边又下去一人推棺
尾，才把棺材推到应到的位置，最后把绳子抽出。

下边的仪式尤其值得记录：

一、主事人将卷起来的铭旌铺到棺盖上。由于棺
材与洞室顶部的空隙很小，所以铺起来并不讲究。

二、主事人将一个直筒状的酱色瓷罐端到墓尾，

上盖红绸布，布上放置一圆面饼。饼半生不熟，一看而知不是为生人准备的。揭开绸布，下面是半桶汤水，里面漂着红枣、核桃和一些发白的东西，颇类喂猪的泔水。主事人叫人用铁锨将瓷罐上的双耳打掉，再将面饼直接盖在罐口上，然后由另一人把它放置在棺材尾部的右下角。

三、同时，不少人把土装进编织袋，开始封堵墓门（据说以前用干草）。底下的三袋竖放，其上的都是横置。

四、主事人又喝令把灯端来。这是一个油渍麻花的白碗，用猪油做成的面条状的黄灯油盛了半碗，一条条伸出碗边像鼻涕一样难看，大概也是说明这不是为生人所备。有人点着火，把灯放在棺盖的尾部。

五、然后主事人又取出一碗，样子同前，但碗中装了半碗石子、用面捏成的小鸡和桃核之类，放在灯的旁边，目的同样在于辟邪。（《荆楚岁时记》："《典术》云，桃者五行之精，厌伏邪气，制百鬼也。"又说"贴画鸡，或斫镂五采及土鸡于户上，悬苇索于其上，插桃符其旁，百鬼畏之"。）

六、此时再有一袋沙土就可将墓门封死。灯光从里面露出来，主事人叫人打开一瓶白酒，然后又叫人抓来一大把白纸条放在洞口，把酒泼洒在纸上，待酒尽，把纸团推向油灯，纸团被点燃，同时发出满墓道的酒香。这时迅速将另一袋沙土堆放在洞口。这样做据说是为了让洞室中的氧气燃烧殆尽，以利于尸体保存。

七、之后，就是下土堆坟。这些事由工人替换进行，需时约40分钟。

值得注意的是，在填平墓道后，又有人将两棵桐木棍插入墓道的前后两端正中的位置，据说插桐木是为了不让它生根成活。以前流行插柳树棍，但是柳树极易存活，为了耕地的需要，现在已经不作兴插柳。这让我再次想起古代墓葬的整齐划一，一定是有墓上标志的，说不定就是这种两端正中的树木规范了墓葬的边界。

人一入土，孝子们即回家搬动纸人纸马：前有乐队开道，所见一门、三所大瓦房，据说刚好组成正房和左右偏房，房门正中间的老太婆可能即表示死者，厢房上描绘的童男玉女则可能表示伺候死者的随从。最后纸人纸马纸房在墓地被焚烧。孝子们搬动棺材和送纸人纸马的过程有失考察，还待以后留心。

通过上述观察，让我联想到下列一些事情：

一、在某些情况下，葬品不直接表现社会生活。同时，墓葬中所体现的社会生活可能往往落后于实际的社会生活。比如这种纸糊的斗拱建筑，已经很少在现实社会中看到。而三座瓦顶楼房纯系理想生活，并不代表死者生前所拥有。

二、中国文化的延续性往往出人意料。比如，"铭旌"一词，在先秦古籍（如《仪礼·士丧礼》）中即有，而今还在口耳相传，铭旌代表死者也同古代没有区别，其作用也同古代一样，是"以死者为不可别，故以其旗识识之爱之。"（郑玄注）在墓上种树的传统，历经二三千年没有变化，而这种习俗的源头更可能追溯到遥远的新石器时代早期。毁器的传统、使用桃核和鸡辟邪的传统、尸体防腐的传统也可以追溯到先秦时代。即便使用纸人纸马送葬的传统，也已有千年的历史。（《辽史·礼志》"冬至日，国俗，屠白羊、白马、白雁，各取血和酒，天子望拜黑山。黑山在境北，俗谓国人魂魄，其神司之，犹中国之岱宗云。每岁是日，五京进纸造人马万余事，祭山而焚之。"）中国民族文化的连续性，远超过一般人的想象。

2001年1月30日

姜子牙钓鱼的史影蠡测

姜子牙钓鱼——愿者上钩，这句歇后语在我国差不多是尽人皆知。查《史记·齐太公世家》，知姜子牙即"太公望吕尚者，东海上人"。索隐："谯周曰：'姓姜，名牙'。"姜子牙出山很晚，"年老矣，以渔钓奸周西伯。西伯将出猎，卜之，曰'所获非龙非彲，非虎非罴；所获霸王之辅，于是周西伯猎，果遇太公于渭之阳，……载与俱归，立为师"。这段话带有很强烈的故事色彩，但所谓"渔钓"似乎只是一种比喻，并未真正涉及钓鱼。倒是《说苑·佚文》说："吕望年七十，钓于渭渚，三日三夜，鱼无食者。望即忿脱其衣冠。上有农人者古之异人也，谓望曰：'子姑复钓，必细其纶，芳其饵，徐徐而投之，无令鱼骇。'望如其言，初下得鲋，次得鲤。刳鱼腹得书，书文曰：'吕望封于齐'，望知其异。"（《说苑疏证》，汉刘向撰，赵善诒疏注，华东师范大学出版社，1985年，621页）虽也是神话传说，但太公钓鱼事似乎得到证实。《辞源》"姜太公钓鱼"条："传说太公钓于渭滨，钓竿直钩不设饵。歇后用法，愿者上钩，指事出于自愿。元人《武王伐纣平话》记太公钓鱼，有'负命者上钩来'之语。明叶良表《分金记·强徒夺节》：'自古道：姜子牙钓鱼，愿者上钩，不愿怎强得他？'"似乎也是微言大义，而没有触及究竟怎样用直钩无饵钓鱼。

近读《云南物质文化·采集渔猎卷》（罗钰著，云南教育出版社，1996年）才知道无钩钓并非只是一种微言大义的比喻，而是实有其事的。所举二例，一为布朗族的无钩钓；二为芒人的无钩钓。

在西双版纳傣族自治州境内的布朗山、边达、西定等地区的小溪中，生活着一种长约7厘米、身上有黑色条纹、尾巴为红色的小鱼，这种小鱼咬钩凶猛，一旦咬住饵料，轻易不会松口。每年干季，河水少了，鱼特别集中，布朗族人民除了用网笼类工具捕捉，无钩钓最为流行。他们先在上游制造一点塌方，使水变混，用树棍做成钓竿，用野葛搓成细麻绳作为钓线。"挖回蚯蚓以后，以一段20厘米左右的钓线，用小竹签自蚯蚓口入而尾出，系上一个结，使蚯蚓不易滑脱。"另外还要准备一个口较大的小箩接鱼。钓时，"右手持竿，将饵放入水中，轻轻抖动，或来回拖动饵食，红尾巴鱼便前来咬饵，它食饵极猛，手上有感觉便可迅速提抽钓竿，鱼一出水面，左手立即送网兜前去接，待鱼离开水面，感到危险存在便会松开口，但已为时过晚，已经成为网中之鱼了。"（图一）

与布朗族同一语系的聚居在金平苗族、瑶族、傣族自治县的芒人，也采用无钩钓鱼。芒人是妇女捕鱼（图二）。她们不用铁钩，"只需从山上采回野麻搓成细绳，穿上蚯蚓之类的食饵令之成串，系绳于手指粗细的小棍上，将饵放到有鱼的洞口，来回拖动；当鱼冲出洞吞食饵时，竿有所晃动，妇女们趁竿动之时赶紧提起竿线，顺势用竹箩一接，如配合

左：图一　云南西双版纳布朗族无钩钓示意图
右：图二　云南芒人妇女

　　默契、谐调，<u>鱼</u>也就落到了她们的鱼篓之中。"（见上注罗钰文）

　　芒人与布朗族的无钩钓其实是一回事，都是利用鱼咬钩凶猛的特点。但无钩却有饵，这大概是使鱼上"钩"的唯一方法。

　　姜太公钓鱼的故事流传二三千年，想必也应该有点事实作为依据吧，布朗族、芒人的无钩钓为我们理解这个故事提供了可供参考的材料。

（原载《中国文物报》1998年7月1日）

河姆渡遗址出土"陶羊"释疑

　　古代的艺术家能在多大程度上表现现实世界？这的确是一个不大不小的问题。不过我们至少从欧洲旧石器晚期的岩画上，就已经能够看到鹿、野牛、熊、猛玛象等栩栩如生的形象，这些形象相当客观地表现了真实的动物世界，那是不容怀疑的。到了新石器时代，艺术的形式更加多样化，除了绘画，雕塑也更加发达，考古发现将这些艺术创造和古人生活的遗迹一同展现在我们面前，我们和古人的距离越来越近。

　　几年前偶读《中国文物报》，在1994年10月30日该报第3版上读到黄渭金先生的文章——《河姆渡遗址出土"陶羊"质疑》一文。该文认为，河姆渡报告把第4文化层出土的标本T16（4）：59（见图）定名为"陶羊"是错误的。原因有三：一、河姆渡没有发现羊骨，长江流域及其以南的新石器时代遗址中"至今也未有羊骨发现的报道"，先民不可能凭空捏造；二、遗址除这件"陶羊"外，再无第二件与羊有关的实物资料；三、先民所塑造的动物形象均较原始、粗糙，难以认定。因此，黄文认为这件"陶羊"当为家犬的造型。这篇文章给我留下很深的印象，故而经久不忘。但是这个质疑其实是经不起推敲的，时间过了这么几年，还没人提出意见，笔者姑作解人，为黄文释疑，也希望得到专家的指教。

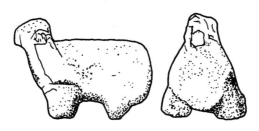

河姆渡遗址第四文化层出土陶羊

　　首先，说长江流域以南的新石器时代遗址没有羊骨发现的报道是不正确的。早在20世纪60年代初，江西万年仙人洞遗址下层就发现羊的存在，数量仅次于斑鹿、獐和野猪。其后，在广西柳州白莲洞、广东翁源青塘、广西南宁豹子头、湖南道县玉蟾岩等新石器时代遗址都发现羊的牙、角和骨等的存在，清楚地说明羊在新石器时代的长江流域及其以南地区是人们常见的动物。河姆渡没有发现羊骨，并不说明河姆渡人没有见过羊，艺术与现实之间并不存在一对一的关系；再说正式的发掘报告还没有出版，有无羊骨尚无定论。

　　其次，除了这件T16（4）：59之外，在《中国河姆渡文化》[刘军、姚仲源著，浙江人民出版社，1993年。该书说T16（4）：59应出自第3层]一书中还公布了两件与羊有关的艺术品：一为T226的浮雕羊塑，在一个圆角方块状陶塑的一面，浮雕一只正在疾走奔驰的羊，四足腾空，富于动感。二为T233出土的黄灰色羊塑，高4.5、长4厘米，昂首，作下蹲状。两者都出自第3层。说明陶羊的出现并非孤例。

　　第三，尽管由于古代艺术家的某些手法不为我们所理解，或者说比较粗糙、原始而难以认定，但T16（4）：59和

T226的两例都不属于此列。它们的特征鲜明、形象，显系羊的造型无疑。相反，要是把它们视为家犬的形象，反倒匪夷所思了，尽管河姆渡有那么多家犬遗骨和粪便。

（原载《中国文物报》1998年7月29日）

附录一

河姆渡遗址出土"陶羊"质疑

黄渭金

　　在浙江河姆渡遗址第一期考古发掘中，第四文化层中出土陶猪等9件陶塑动物，原报告把标本T16（4）：59定名为"陶羊"。笔者认为是值得商榷的。

　　首先，先民所塑造的众多动物形象或是当时遗址周围有活动的动物，如驯养的家畜——陶猪，或是渔猎所获的猎物——陶鱼、陶鸟等，这些动物的遗骸在遗址内均可以一一找到。河姆渡虽然保存了60余种动物的遗骸，但没有一种是羊骨，在我国长江流域及其以南地区的新石器时代遗址中至今也未见有羊骨发现的报道，可见七千年前河姆渡遗址周围并没有羊活动。先民也就不能凭空想象出"羊"的形象而且把它捏塑出来。其次，遗址除了这件"陶羊"外，未能找到第二件与羊有关的实物资料。第三，先民所塑造的动物形象均较原始、粗糙，造型也极不准确，给我们对陶塑动物的定名带来极大的困难。和"陶羊"一起出土的其余8件陶塑动物中，除一件陶猪外，其余7件均造型不准确，难以定名。

所以，这件陶塑动物不可能是羊，而应是当时遗址及其周围有活动的其他动物。我们在综合遗址的发掘资料和动物的生态习性后，认为标本所塑的动物形象是家犬。

第一，河姆渡遗址中保存有相当数量的家犬遗骨和粪便，经中科院、省自然博物馆等单位对遗址的33件狗头骨和下颌骨的鉴定、分析后认为："河姆渡遗址的上述标本是人类驯养家犬无疑，此外遗址中发现的狗粪也可作为遗址居民驯养家犬的一个旁证。"并且进一步阐述家犬的特征是"体型小、吻部变短，鼻骨近端比较凹陷，下颌骨下呈弧形，矢状脊已显著退化"。上述描述同陶塑动物标本极为相似。

第二，家犬作为人类忠实的伙伴，多次出现在河姆渡先民的原始艺术品中。在一件器盖的顶部，家犬被塑成盖纽，作昂首竖耳的趴卧状。另一件陶块上也发现浮雕有一只昂首翘尾作奔跑状的小狗。标本所塑家犬的形象也作昂首匍匐状，与家犬的生态习性十分相似，类同于上述家犬形象的塑造特征。

（原载《中国文物报》1994年10月30日）

附录二

河姆渡遗址的陶羊为何引起争论

蔡保全

看了《中国文物报》最近关于河姆渡遗址是否存在"陶羊"的争论，觉得争论的焦点是河姆渡人生活时期周围是否存在羊类动物以及定为"陶羊"的标本是否确切。黄文认为河姆渡第四文化层出土的标本T16（4）：59定名为"陶羊"是错误的，因为河姆渡没有发现羊骨，先民不可能凭空捏造（黄渭金《河姆渡遗址出土"陶羊"质疑》，《中国文物报》1994年10月30日第3版）；陈文则指出除T16（4）：59号标本外，在T226、T233探方中也有羊塑，它们的特征鲜明、形象，显系羊的造型无疑，河姆渡没有发现羊骨，并不说明河姆渡人没有见过羊，艺术与现实之间并不存在一对一的关系。（星灿《河姆渡遗址出土"陶羊"释疑》，《中国文物报》1998年7月29日第3版）

河姆渡遗址考古队的考古工作者1978年将T16（4）：59号标本定为陶羊并没有错，确实如陈文所说"特征鲜明、形象"，形态极为接近青羊和苏门羚。质疑是1994年提出的，争论者都认为到目前为止河姆渡遗址中没有羊的遗骸，黄渭金同志因此推论没有羊哪来羊的艺术品；星灿同志则强调羊的艺术品是存在的，羊的骨骸还寄希望于正式发掘报告。虽然河姆渡遗址正式发掘报告还没有出版，遗址动物群部分的研究报告已先于1994年出版（魏丰等《浙江余姚河姆渡新石器时代遗址动物群》，海洋出版社，1990年），该书描述的61种动物中，最后一种苏门羚即是羊类动物。河姆渡遗址中获得的苏门羚遗骸有额骨上保留了左右近于完整的角心标本1件（编号YH05.1）、破碎的额骨上又保留了一侧的角心标本4件（编号YH05.2－5）。

在哺乳动物分类上，羊属于牛科，牛科可分为牛亚科、羚羊亚科和羊亚科。我国现生的羊动物中，属于羚羊亚科的有原羚、黄羊、羚羊，属于羊亚科的有赛加羚、藏羚、苏门羚、斑羚（青羊）、扭角羚、盘羊、绵羊、山羊、岩羊等。生物的名称有学名和俗名之分，学名即符合国际生物命名法规，由一个国际通用的拉丁语或拉丁化文字组成，世界各国都看得懂，如苏门羚的学名是*Capricornis sumatraensis*；而俗名是世界不同民族用不同语言给常见生物起的各种名字，同一种生物不同民族有不同的叫法，俗名不仅不利于交流，而且易生误会，不利于科学研究。汉语上的习惯，羊类动物俗称上往往有"羊"字，然例外也不少，如上所述，占了一半，可别忘了它们都有"羚"字（羚羊的意思）。

河姆渡遗址存在羊的遗骨以及羊的陶塑，这是无须争论的事实。那么为何引起质疑、释疑而且越解释越不清楚呢？或许争论者没有见到《浙江余姚河姆渡新石器时代遗址动物群》一书，或许读过此书但对"苏门羚"不理解，因为中文名称上没有"羊"字，且书里是归入牛科的，没有进一步说明属羊亚科，想当然就认为不是羊。河姆渡人生活时期周围确实存在羊，而且是河姆渡人的猎获物，河姆渡人并没有凭空捏造，原始艺术与现实之间存在对应关系较易让人认同。

（原载《中国文物报》1998年9月2日）

也谈家马的起源及其他

20世纪90年代以来，《中国文物报》相继发表了数篇关于家马及马车起源的文章（1994年6月12日孔令平《马车的起源和进化》，1995年3月12日郭晓晖《骑马术与印欧语系的兴起》，1997年4月27日袁靖、安家瑗《中国动物考古学研究的两个问题》，1997年6月15日水涛《驯马、马车与骑马民族文化》，1998年8月12日王宜涛《也谈中国马类动物历史及相关问题》），对国际国内最新的关于家马和马车起源的研究作了比较简明的介绍和讨论。论者的观点明显地分为两种，一种认为马和马车是从黑海和里海之间的草原地带传入中国的；另一种认为中国养马、驯马和用马的历史可以早到龙山文化时期，尽管中亚和西亚地区考古发现的家马较早，但中国内地的家马起源不一定是从西方或北方传来的，言外之意，中国有一个独立的家马起源中心。

关于中国家马的起源，的确还是一个没有解决的问题，这个问题的最终解决恐怕还要依靠今后的考古发现。就目前的研究来看，乌克兰草原无疑是最早发现驯马证据的地区。中国比较肯定的家马是和马车一道发现于商代晚期的，年代上比第聂伯河西岸的德累夫卡发现的公元前4000年前的、具有明确佩戴马嚼子痕迹的家马，晚了近3000年；比二轮马拉战车从高加索地区传入近东的时间晚了大约近千年。虽然在连接中国北部、西部和中亚草原的考古发现上存在许多缺环，但是就目前的考古材料看，内蒙古中南部的朱开沟文化从龙山到早商阶段的遗存，没有家马的发现；新疆哈密焉不拉克墓地，也没有发现家马的遗骸；甘青地区的新石器时代和早期青铜时代文化也同样没有家马存在的证据。在已经发掘的上千处新石器时代和早期青铜时代的遗址中，已经发现的较殷墟为早的马骨，则只有西安半坡、汤阴白营、华县南沙村和章丘城子崖等少数几个地点（正式鉴定过的河北南庄头新石器时代早期遗存并无马类动物的遗存，参见《考古》1992年11期周本雄先生文），除南沙村龙山文化遗址据说出土有完整的埋在祭坑的马骨架外，其余都是零星的牙齿和碎骨，很难做出是否家马的准确鉴定。其实，即使是完整的马骨，也很难肯定是家马的遗骸。所以，目前要说中国是另一个家马起源的中心，还不如说最初的家马是自中亚草原辗转而来更可靠些。

野马是家马赖以产生的必要条件。据研究，中国的野马在历史上曾有广泛的分布。地质时代，其分布的南界，东段在秦岭、淮河以北；西段在青藏高原北缘（柴达木盆地除外）以北。历史时代，野马的西段南界基本如前，东段的南界则北移至河西走廊、陕北、冀北一线以北。现代野马残存于新疆东北、陇西北、内蒙古西北部地区（文焕然《历史时期中国野驴、野马的分布变迁》，《历史地理》第10辑）。全新世以来，虽然由于气候变化和人类活动的加剧，野马不断地向西北方向退缩，但是历史上黄河中下游地区仍有野马生存，仰韶、龙山文化的遗址中出土马的遗骨，从侧面支持了后世文献记载的真实性。但是这些发现的地点既少，发现的数量也很有限，说明黄河中下游地区早在历史时代开始以前数千年间，野马的生存空间已经非常有限了。更重要的是，黄河中下游地区以农业生产为主，对生性高傲难以接近的野马，很难产生真正的作为动力需要的冲动，即使有了驯化猪、狗等动物的经验和技术，这种情况也不会有根本的改变。而以猎取野马的皮毛和骨肉为目的的狩猎，早在旧石器时代就大量存在，是不能看作真正意义上的"养马、驯马和用马"的历史的一部分的。

在商代晚期，马一般发现在墓葬和祭坑中，却很少发现在灰坑中，而同样是作为祭品的狗、牛、绵羊、山羊、猪和鸡等，却大量发现在垃圾堆（灰坑）中。这一方面说明马的作用不在于提供肉食，另一方面也证明马是珍贵的动物。甲骨文中有"马羌"，被认为是西北地区的一个方国（陈梦家《殷墟卜辞综述》，科学出版社，1956年，283～284页），又有某地入马的记录，胡厚宣先生认为殷墟的马是从西北地区输入的（《武丁时五种记事刻辞考》，《甲骨学商史论丛》，第一册）。所以，至少商代晚期的马，主要是从西北地区传入的。如前所述，在我国的西北地区，并没有发现早于商代晚期的家马，这除了可能有考古发现上的缺环之外，可能的解释就是上述西北地区的诸方国，最初只不过是把马从中亚输入内地的一个驿站，他们自己并非家马的原始驯化者。

家马从中亚草原传入中原，在地理上并非像有些学者所说的那样不可逾越。主要分布在南西伯利亚、鄂毕河上游和哈萨克斯坦的卡拉苏克文化，年代相当于殷末周初，经营畜牧业，与外贝加尔、蒙古和中国北方草原地区乃至西部的伏尔加河流域东西连成一线，在面貌上存在很大的一致性，对中原地区的商周青铜文化也产生了很大影响。殷墟发现的贝，来自我国台湾、南海甚至阿拉伯半岛的阿曼湾和南非的阿果阿湾等地；殷墟的玉料，则有一部分是从我国新疆和田来的；至于占卜用的龟甲，来源更为广泛，一些特别的种类，分别产自我国海南岛、东南亚和马来半岛甚至日本等地，其范围之广，远超出我们的想象之外（中国社会科学院考古研究所《殷墟的发现与研究》，科学出版社，1994年，441～444页）。中国与西方的联系，当然也不是从殷墟时期开始的。因此，中国内地既不"完全封闭"，西部的崇山峻岭也不是不可跨越的，借助于善跑的马类，东西方人类的交流和来往当然是可以比以往更容易的。

反对中国家马来自中亚草原的学者，其理论基础无疑是家马多地区起源说。这本来无可厚非，但是他说："如果说中国家马的起源来自西亚和西伯利亚，那么与欧亚大陆完全隔离的美洲，其印第安人也具有熟练的骑马术则是难以理解的。因此认为上古时代世界人类对马的驯养，首先是从黑海到里海之间的草原地区开始兴起，然后波及其他地区的观点，显然是站不住脚的。"（见前注王宜涛文）在这里，印第安人的骑马术（如果不是马本身的话），是作为家马多中心起源的一个重要论据提出的。但是，众所周知，在哥伦布发现美洲之前，美洲既没有马，也没有骑马术的存在。安第斯高原是古代美洲唯一的畜牧区，奇楚亚人和艾马拉人的确驯养一种叫作骆马的动物，除了利用骆马的驮力之外，人们还广泛地利用骆马的毛、皮、肉、骨头和油脂。但是，骆马是偶蹄目骆驼科动物，与羊驼、原驼和美洲驼近缘，合称羊驼类。它虽也善于奔跑，但与马属于不同种类的动物。只是在16世纪欧洲人把马输入美洲之后，北美大草原和南美巴塔哥尼亚人才很快成为出色的骑手，从徒步的猎人变成了骑马的猎人。据记载，欧洲第一批殖民者从欧洲运来的马在殖民初期有一部分放野了，在美国西部大草原变成了莫斯坦格马群（美洲产一种小而耐劳的野马），印第安人捕获并驯养了这种马。这样，马就成为猎人们不可缺少的东西了，不仅打猎的效率高了，他们还用马来驮运重物，而在此以前，北美西部大草原的人们是用狗来拖拉物件的（托尔斯托夫主编《普通民族学概论》，科学出版社，1960年，122页、165页）。把印第安人的家马和骑马术作为家马多中心起源的例证是不合适的，实际上欧洲人之所以能够摧毁美洲古代文明，在很大程度上是依赖了马的力量，印第安人对于这种外来的神奇动物，一定是铭心刻骨，永志不忘的。

（原载《中国文物报》1999年6月23日）

纸盆、火盆和陶器的起源

说到陶器的起源，我们会很自然地想到恩格斯在《家庭、私有制和国家的起源》里的一段话："在许多地方，或者甚至在一切地方，陶器都是由于用黏土涂在编制的或木制的容器上而发生的。目的在使其能耐火。因此，不久之后，人们便发现，成型的黏土，不要内部的容器，也可以用于这个目的。"陶器的起源是否经过这个阶段？毫无疑问，要通过考古学和民族学的发现去验证它。

在民族学上，有许多的发现，暗示我们的先民可能确实经历了这样一个从偶然到必然的发明过程。比如南美洲的土著民，常将泥土涂于炊器上约一指厚，以防其烧裂。北美亚利桑那的哈瓦苏派人（Havasupai）用敷泥的编物煎炒植物种子和蟋蟀等物。秘鲁的一些土著民，用布敷泥制成坩埚，等等。这些发现使笔者回忆起少年时代在华北农村看到的农民制作纸盆和火盆的情景来。纸盆一般是专为妇女做针线活用的。把针头线脑放在这样的盆里，拿起来非常轻便。纸盆的做法，首先是把一些废纸泡成纸浆，然后把纸浆一块块地敷在倒扣在地的金属盆或陶盆的外壁，一般从底部敷起，最后一直敷到扣盆的口部。一边敷纸浆，一边用手拍打使之均匀、致密。这样一块块地敷好，大约敷到1厘米左右的厚度，待到晾晒干燥后，取下内部的金属盆或陶盆，一个精制的纸盆就出现了。有的妇女还要在纸盆的内外糊上一层牛皮纸，还有的再上一层清漆或桐油；另一些人则要在上面画上美丽的花纹，使之既坚固又美观。所谓火盆，是冬天烤火用的泥盆，一般是把木材或农作物的秸秆儿放在盆里燃烧，供人取暖。火盆的制造与纸盆大同小异，不过是用和好的黏土涂在倒扣在地的金属盆或陶盆上，也是一边涂泥，一边不停地用手拍打，这样一层层地涂抹黏土，直到黏土的厚度达到2～3厘米，才算完成。等黏土半干后，把其内的金属盆或陶盆取下，火盆就做成了。为了顺利地取下作为模子的金属盆或陶盆，有时候还会把纸或植物的皮壳撒在盆的外壁。经过长期的烧烤使用，火盆的内部成了红褐色，变得十分坚硬，实际上距离真正的陶器制造只有一步之遥了。如此等等，固然不能就说陶器的起源一定是从木制或编制的容器上脱胎下来的，但民族学发现上的蛛丝马迹证明这种推测是合乎逻辑的。

　　从考古学上看，近30年来，世界各地都发现了可以称之为模制法（moulding）的制陶技术。所谓模制，就是在一个容器或者类似容器的东西里面或外面敷泥制陶的方法。这种方法在我国南北方、欧亚大陆的其他许多地区包括俄罗斯远东、日本等地的早、中期新石器时代，都广泛存在。比如俄罗斯远东地区的嘎斯亚（Gasya）、科胡米（Khummy）和乌斯廷诺伏卡第三地点（Ustinovka-3）三个新石器时代早期遗址，都出土过可能用模制法制作的陶器（Zhushchikhovskaya 1997. On the Pottery Making in the Russian Far East, *Asian Perspectives*, Vol.36，No.2，pp.159-

174）。特别是后两个遗址出土的陶器，器壁的内外都有纹饰，前者的器表装饰着十字纹和网状纹，器内壁装饰着平行线纹（图一），后者的器表无特别的纹饰，只个别地方有平行线纹，器内壁则装饰着细密的横平行线纹（图二）。不唯如此，后者的陶片断面表明，陶器器壁至少是由两层泥片贴塑的。试验证明，利用容器模制陶器，在开始的阶段，需要把一片片的泥片压贴在容器上，这样做成的陶器，器壁的断面自然留下两层或多层泥片叠压的痕迹。因此，研究者推测这三个遗址的陶器，都可能是以篮子一类的容器为模，再辅以陶拍之类的工具拍打，模制而成的。我国江西万年县仙人洞出土新石器时代早期的个别陶器，

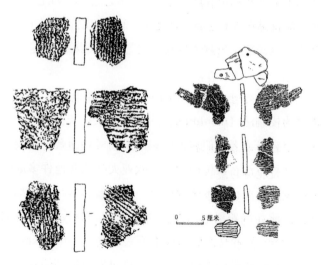

左：图一　俄罗斯远东科胡米出土的新石器时代早期陶片
（左：外壁，右：内壁）
右：图二　俄罗斯远东乌斯廷诺伏卡出土新石器时代早期陶片
（左：外壁，右：内壁）

也发现器壁内外都有绳纹的印痕，同样可能是以编制或木制的容器为模制作的。我国其他早期新石器时代遗址，也都普遍发现陶器器壁由两层或多层泥片贴塑的现象，也当是模制的遗迹。

制陶在人类历史上是一个划时代的文化发明，是人类长期实践的结果。早在旧石器时代晚期，世界一些地区就有了泥塑的动物或神像，说明人类对泥土的可塑性有了一定的认识。但是用泥土捏塑动物或人像是一回事，把泥土制成容器并且烧成陶器是另一回事。西亚在前陶新石器时代已经大量地用泥土捏塑"母神"或动物像，但是却没有陶容器发现，日常容器都是用较软的石头做成的。这说明把泥土做成容器并非易事。目前所知最早的陶器，一般的陶土都是自然的陶土，即使有羼和料比如石英的颗粒，也都非常的粗大，有的粒径可达1厘米，说明人类对陶土的认识和了解与后来相比还有很大的距离。在这样的情况下，以固有藤编、竹编、葫芦或者木制容器为模具，在其内部或外部敷泥制陶，就不仅是可以理解的，似乎也应是必经的一个阶段了。我国北方的筒形罐特别是扁筒形罐，显然是模仿桦树皮容器而来。俄罗斯远东及北美的盒形陶器，也显然是仿木盒制作的。我国南方多圜底器，其制作说不定与当地常见的葫芦有关。这些陶器已经进化到相当发达的阶段，它们自然不必一定需要模制，但它们的独特形状，很容易让我们想到它们的起源该是由木器或葫芦模制而成。

我国史前考古发现的陶器数以万计，但早期的发现既少且非常零碎，几乎不见完整器。追溯陶器的起源，看起来无论在华北或者华南，都应该到距今万年前后的新石器时代早期地层里去寻找线索，可惜至今还没有在考古遗址中明确发现如恩格斯所说的，在编制或木制的容器上涂泥烧造，并且在器壁上留下可确认痕迹的陶器（或者已经发现，但我们没有辨别出来）。但新石器时代大量模制陶器的存在，使我们有理由相信最初的陶器烧造，一定经历了这样一个看起来幼稚的发展阶段，我们期待着新的发现。

（原载《文物天地》1998年4期）

民族志中所见的石烹技术

　　史前遗址中常见大小不一、形态各异的石头，在灰坑中出土得更多。这些石头的分布有时毫无规律可言，又看不出有人类加工和使用的痕迹，它们的用途实在是一个谜。但是这些明显是从河床搬来的石头，绝不是等闲之物，而应当充作某种特殊的功能，石烹即其用途之一。但是要在考古学上证实这一点，还需要大量的工作。民族志中有大量关于石烹的记录，可以为我们提供某种有益的启示。

　　唐刘恂《岭表录异》卷上记载："康州悦城县北百余里山中，有焦石穴。每岁乡人琢为烧食器。但烧令热彻，以物衬阁，置之盘中，旋下生鱼肉及葱韭蕰菹腌之类，顷刻即熟，而终席煎沸。南中有亲朋聚会，多用之。频食亦极壅热，疑石中有火毒。"（广东人民出版社，1983年）这是古代岭南的情况。

　　19世纪初期俄罗斯航海家利相斯基的《利相斯基太平洋地理发现记》，这样记述努加·吉瓦岛人的烹饪方法："我从没有看见专用的厨房，每个人都在房前露天地上准备自己的食品。将面包树果实和根茎用叶子包好后，放火上烤。用另一种方法做猪肉。先挖一个坑，放入木桦，再放鹅卵石，加热烧红。然后把鹅卵石弄干净从坑里取出，把坑铺上树叶子，最后放上十分洁净的全猪（该地猪总是勒死的，不是屠宰的）。猪上覆盖树叶，用土埋好后再放鹅卵石，直到完全烤熟以前，一直放在坑内。因为努加·吉瓦岛上这种家畜不多，所以烤熟的猪肉时常被大家享用。届时，将肉切成小块，分发给各家主人。如果肉厚部位没有烤熟，这时准备另一坑，照上述方法将不熟的肉块如法炮制，再烧一遍。"（徐景学译，黑龙江人民出版社，2000年，79～80页）这是近200年前太平洋岛屿所见的情况。

在同书中，利相斯基还惟妙惟肖地记述了夏威夷岛人的类似烹饪方法："散得维齿人的食物是猪、狗、鱼、椰子、甜马铃薯、香蕉、塔尔罗和薯蓣，有时吃生鱼或烤鱼。妇女禁食猪肉、椰子和香蕉；男人则什么都可以吃。这里的猪不是屠宰的，而是用绳子将拱嘴绑上后勒死。采用下列方法制作食品：挖一个坑并放入一两堆石块，点燃火（此地用摩擦法取火）。然后再放石头，使空气流通。当石头烧得灼热时，弄平石头，使之严实，再放上一层薄树叶或芦苇，把动物置于其上，翻动它，一直等毛都脱掉为止。如果毛仍有未掉，则用刀子或贝壳刮净。这样将动物弄干净，切开肚子，取出内脏，同时第二次升火，石块刚烧红就把它扒开，只留下一层，铺上树叶，把猪放上，往开膛的肚子里放裹满树叶的灼热石块，再用树叶将动物包起来。其后，动物被放到树叶烧红的石头上，上边再覆盖一层沙子或土。这样，一直到熟为止。做根茎也采用同样方法，稍有区别的是，放热石头以前，要洒些水。"（同上注书，115～116页）

除了用石头烹饪食物，太平洋人还用烧热的石头取暖，这则史料也很有趣，可以使我们大开眼界：太平洋卡迪亚克岛人在主要的房间边上建一个"不太大的厢房，叫作'如潘'。每间都有一个入口，进去时需俯身，腹部贴地爬行，直到两脚渐渐站起为止。'如潘'最顶上开一个不大的窗户，可透进阳光，除窗框外，均用肠衣或膀胱镶起来。墙根前，离3英尺（1英尺为30.48厘米，后同）远处放上不太厚的方木，当睡觉的床和座位。这部分相当干净，因为铺上了干草和兽皮。此地'如潘'冬季尤为适用，因为面积小，人多总能暖和些。最冷的季节他们把石头烧红取暖，这种'如潘'有时也当澡堂用"。（同上注书，190页）

（原载《中国文物报》2000年10月18日）

长葛·长社·社
——古代社的活化石

长葛地处河南省中部，物产丰富、历史悠久。它的得名，相传是为了纪念上古神话中的乐神葛天氏。据民国十九年（1930年）《长葛县志》载："长葛盖葛天氏故址也，后人思永其泽故名曰长葛。"《春秋·隐公五年》："宋人伐郑，围长葛。"可见长葛至少已有2600余年历史。

长葛又名长社。《后汉书·郡国志》"颍川郡长社有长葛城。"刘注云：《左传·隐公五年》"郑围长葛。县本名长葛。《地道记》云：'社中树暴长，汉改名。'"其实，长社之名，战国即有，先属魏，后并入秦。

长葛是否葛天氏的故址，已不可考。但是长葛之为长社，却有相当丰富的佐证。据民国十九年《长葛县志》载："社柏为葛名胜，前志未载，诚憾事也，现有二十六株，东西极大者各二，皆二十四围，余亦二十围。应劭注《汉书》谓'社树暴长，因名长社'，或即此柏。惟长葛之名非由汉始，魏或已植此柏，因暴长，改为长社，二千余年古物可称巨特。"

笔者曾于1988年夏天赴古社柏遗址考察。社柏位于今长葛市老城镇西北500米处，现存仅23株，南北成排，东西成行，分布在约二三亩大小的土地上。社柏苍劲古朴，虽历经沧桑，但枝浓叶茂，株株似有仙风道骨（见图）。柏园中并

长葛社柏

不曾种植任何植物。当地百姓有关社柏的神奇传说，反映了他们对它的尊敬和恐惧。有趣的是，他们也认为"长社"一名的由来是因为社柏的暴长。

长社即由社树暴长得名，那么"社"是什么呢？《说文·示部》："社，地主也。"《礼记·月令》注："社，后土也，使民祀焉，神其农业也。"说得很明白，社，是古人对土地的一种崇拜。在远古时代，先民们看到万物皆由地生，万物皆由地载，所以在他们的心理上难免产生对土地的敬畏情绪。农业先民以种植谷物为生，谷物收获的多少直接影响他们的生活，故而祈求土地赏赐更多的粮食。以祭祀报答土地的恩德就成为原始先民生活中必不可少的事情。从宗教意识萌生的原理推测，最初，先民们可能祭祀所有的土地，因为他们相信每块土地都有神统治着，后来，由于认识的深化，先民们只祭祀其中的几块或一块，这样就比原来进了一大步。《礼记·郊特牲》疏引《五经异义·今孝经》曰："社者，土地之主，土地广博不可徧敬，封五土以为社。"正反映了这种进步。

先民们祭祀某一块或几块土地，但他们并非祭祀土地本身。事实上，先民们崇拜的主要是土地的力量即地力。他们认为这种力量就表现在由土地上生产出来的植物里面。在所有的植物中，树木最大、最魁伟挺拔，所以也最易成为崇拜的对象。《论语·八佾》曰："哀公问社于宰我，宰我对曰：'夏后氏以松，殷人以柏，周人以栗。'"松、柏、栗都是高大的树种。《周礼·地官·大司徒》曰："设其社稷之壝，而树之田主，各以其野之所宜木，遂以名其社与其野。"可见社树并不像《八佾》说的那么单调，只要土地适宜，任何树种都可以成为社树。

社树是地力的象征，古人认为土地的灵魂就附在社树之上。所以《淮南子·说林训》云："侮人之鬼者，过社而采其枝。"采枝即伤害社神，是大不敬的事。

从原始社会进入到文明社会，生产力虽然得到了相当的发展，但祭社活动并未因此停息。先秦时代，举凡春播、秋收、征伐、建国、登基、祛灾等一系列重大礼仪活动都要在社里举行，社成为最重要的礼仪活动场所。唐宋以后，民间祭祀土地的仪式变成在城隍庙或土地庙中举行，社的原貌反而被埋没了。近几年来，虽然史前考古发现了几处社祭遗迹，但多难与古籍记载相吻合。所以，正是在这个意义上说，假如传说不误的话，长葛的社柏遗址是相当珍贵的。

（原载《中国文物报》1989年3月24日）

埃及的玦形耳饰

　　玉玦或其他质料的玦形耳饰，常见于我国及东亚地区的其他国家。根据现有的考古发现，亚洲大陆自西伯利亚向南，经我国东北、朝鲜半岛、华北、华南至印支半岛以南，西达印度半岛的东面，岛屿由日本北海道至九州、中国台湾、菲律宾，南部最远可达爪哇及新几内亚，在史前和历史时期都出土有玦饰。因此，玦饰是东亚地区分布最广的一种装饰品。有学者认为这表现了东亚人对人体耳部的特殊癖好，有别于非洲原始民族的唇癖好。

　　玦饰是一种环形带有缺口的器物，在我国古代屡有记载，最近若干年在全国各地更出土过数以百计的玉石玦，因此长期以来，它差不多成为中国古代饰物的一种代表。可是，这种独特的耳饰，并非中国和东亚地区所独有，古埃及人也把它作为饰物使用。我曾在澳大利亚吉浪的一个大型埃及古代文明展上，目验了几个无论从形状或者功能都与我国玉石玦相同的玦形饰物。这种玦形饰物是埃及新王国时代（第18～20王朝，约前1567～前1085年）最流行的装饰品，用各种材料制成。材料包括肉红玉髓、碧玉、雪花膏石、玻璃、釉彩陶和贝类等等，用途据说也是把它的缺口紧紧套住耳垂，和我国对玉玦的传统解释如出一辙。如下图所示，中间的两个，红色，系用碧玉制成，直径分别为2.5厘

埃及新王国时期的玉石玦饰

米和2.2厘米、内阔分别为1.4厘米和1.2厘米，缺口中部最窄处仅宽2～3毫米。右边的一个，白色，用雪花膏石制成，直径1.9、内阔1厘米，缺口最窄处1～2毫米。因此，真要夹在耳垂上也不是一件容易的事情。就功能来说，同中国古代大部分玉石玦类一样，其佩戴方法也是一个待解之谜。上述三件玦形饰物，都是公元前1300年前后的作品，相当于我国的商代中晚期。该时期的中国，如果从兴隆洼和河姆渡算起，玦形饰物已经流行了几千年，形式也趋于固定，发现的范围，则扩及岭南和东南各地；如果说玦形饰物是单一起源的话，它与古埃及玉石玦饰的关系，显然应该引起我们的重视。与玦形耳饰同时代的另外一种饰物，是蘑菇状的榫卯式耳饰，把榫的一端穿过耳垂，然后用另一个蘑菇状的卯套接，固定在耳垂上（见上图左边的两个）。这种耳饰在中国古代罕见，与玦形耳饰的用法异趣，是我们所不熟悉的。

（原载《中国文物报》1999年7月14日）

绿豆穿耳与玉玦佩戴

　　种种迹象表明，玉玦是佩戴在人们耳部的饰物。但是，有的玦的缺口是如此之小，只有2～3毫米宽窄，以至于我们不得不怀疑它是如何卡在人们的耳垂上的。所以我在最近的一篇讨论中国史前玉石玦饰的文章中这样说：玦的"佩戴的方式，一直没有弄清楚，但从大部分的玦类只有一条长条形的狭窄的缺口看，恐怕很难像有的学者想象的那样直接套在耳垂上。除了个别的能够那样佩戴外，大部分恐怕要以绳子之类物品捆扎起来，然后再悬挂在人的耳朵或头饰上。在这一点上，它与肉上有孔的玦表达的大概是一样的意思。"（陈星灿《兽面玉雕·兽面纹·神人兽面纹》，《远望集——陕西省考古研究所华诞四十周年纪念文集》，陕西美术出版社，1998年，上册389～395页）但这只是我的怀疑，我并没有足够的证据否定大多数玦饰不是卡在耳垂上的，何况还有不少的玦确实可以很容易地套在耳垂上面。

　　玉玦的狭窄的缺口能否套在耳垂上？按照我们现代人的逻辑，显然是不可能的。因为即使小孩的耳垂，至少也有3～5毫米的厚度，对于只有一条缝隙的玦饰来说，即便使劲挤压，也是很难通过它的缺口的。我为此请教了华北农村戴耳环的老太太，她们的回答给了我不少启示。老一辈的妇女佩戴耳环采用的是有别于今天的无痛穿耳法。通常做法是，用手捏两颗绿豆在耳垂的某个部位的内外两面反复搓磨，有的是戴耳环者自己操作，也有的是她们的亲友帮助做。这样经过一段时间的搓磨后，被磨的地方往往变成了透明的纸一样薄的凹坑，只需用簪或针一类的尖锐物稍稍一刺，耳垂上就有了一洞。这样的穿孔，既不痛苦，也不会给穿孔的人带来感染，所以广为采用。如此看来，玉石玦类的缺口虽然狭窄，但是如果采用某种类似绿豆穿耳的方法，使耳垂被套部位的厚度变薄，还是可以夹在耳垂上甚至穿过耳垂像今天的金属耳环那样穿挂在耳垂上（见图）。我们总是以我们自己的经验来衡量古人，其实我们今天做不到的事情，在古人则是习以为常，司空见惯。只要我们看看后进民族的人体装饰，我们就会发现现代人的想象力是多么贫乏，这是应当牢记的。

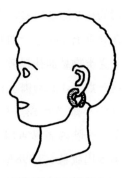

穿挂式玉玦佩戴方式

　　古代的文化现象，一旦脱离了它赖以生存的土壤，就变得难以理解和难以解释，考古学中这样的例子尤其多。只有我们设身处地地把那种文化现象置于相应的文化土壤里，我们才可以得到近乎实际的答案。玉玦的佩戴方法，就是例子。

（原载《中国文物报》1999年9月1日）

瑱与中国古代的耳部装饰

瑱是古代耳部的一种装饰之物。《诗经》里就曾见过它的踪影。比如《鄘风·君子偕老》有"玉之瑱也"之咏。《说文·玉部》"珥，瑱也。"《淮南子·修务训》高诱注同。《韩非子·外储说右上》："薛公相齐，齐威王夫人死，中有十孺子皆贵于王，薛公欲知王所欲立而请置一人以为夫人"，"于是为十玉珥而美其一而献之，王以赋十孺子。明日坐，视美珥之所在而劝王以为夫人。"《周礼·夏官·弁师》言诸侯"玉瑱"，张惠言曰"瑱制无文，《春秋传》曰'币锦二两，缚一如瑱'，则其形必圆而长。"信阳长台关一号楚墓发现的一件木俑，耳垂有穿，穿中间插一支小小的竹签子（图一）。竹签大概即代表穿耳之玉瑱。降至两汉，瑱多以珥为称，并成为女子特有的装束，洛阳西汉卜千秋墓壁画中可以清楚见到这样的形象（图二）（扬之水《诗经名物新证》，北京古籍出版社，2000年，409～410页）。但是后者的耳部只能看见两个椭圆形的黑点，是否瑱饰，还很难说。

中国古代耳部装饰以玦为最，它发源于七八千年前的新石器时代早期，一直使用到很晚的历史时期，它的形状和使用方法也是人们耳熟能详的。但是我们对于瑱之起源、形状和用法却没有那么清楚。湖北石家河遗址出土的玉雕人像，

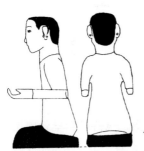 

图一　信阳楚墓出土木俑　　图二　洛阳卜千秋墓　图三　河姆渡遗址
　　　　　　　　　　　　　壁画所见戴瑱之女子　出土陶瑱T1 (4)：25

耳部有环形的装饰物，不像挂在耳部的玦饰，却像塞在耳垂上的瑱饰。这种填塞在耳垂穿孔中的饰物，据说可以追溯到七千年前的河姆渡文化。该文化出土的某些被认为是陶纺轮的东西，如标本T1 (4)：25、77YMT242 (4A)：147，一端大，一端略小，细腰，形同鼓，中有穿孔，就被邓聪先生称为"耳栓"（邓聪《从河姆渡的陶质耳栓说起》，《海峡两岸河姆渡文化学术研讨会论文》，杭州大学出版社，1998年），其实也可能就是我们上面提到的"瑱"的原型（图三）。但是这种东西与古书上说的"圆而长"的形状有一定距离，与信阳长台关一号楚墓木俑上所见的那种小小的竹签子，也大相径庭。也许瑱的形状也像玦那样是不固定的，而用法则比较接近，即填塞在耳垂部的穿孔中。我国西南基诺族妇女，即在耳部穿孔，内塞竹管或木塞，也有以美丽的树叶穿插其间的，以耳孔大为美（《中国民族》，中国民族摄影艺术出版社，1989年，164～165页）。台湾排湾和阿美族人都有穿耳习俗，男子则用塞杵（plug）使耳

图四　新几内亚伊娃姆族战士的耳饰

孔扩大（刘其伟《台湾土著文化艺术》，雄狮美术，1986年，76页）。这些装饰比较接近"长而圆"的描述，中间可以是实的，也可以是空的，还可以是用物填空的，也许正是古代瑱的孑遗。国外也常见这种形式的"瑱"。新几内亚伊娃姆族（Iwam）战士的耳饰即是中空的条状物（图四）（André Virel 1979. *Decorated Man: The Human Body as Art*. p.28, Paris）。《诗经，小雅，都人士》云"彼都人士，充耳琇实。"这个充耳的美石，大概就是圆形或圆柱形的瑱。"礼失求诸野"，信然。

（原载《中国文物报》2000年10月8日）

南美洲考古所见操蛇神像及其他

美洲古代文化源于欧亚大陆，这是考古已经证明了的。但是对于其间文化传播的时间和方式，则迄无定论。关于亚洲东部，特别是古代中国与美洲古代文化的相似性，张光直先生用"环太平洋的文化底层"释之，这是充分认识到两者在深层次上的相类似的一面，而目前又没有办法认定传播的具体时间和地点使然。最近，新的线粒体DNA研究，认为南太平洋新西兰岛上的毛利人，系距今5000年前后自中国东部沿海辗转而来。这至少说明在白令海峡沉入海底以后，亚洲大陆的古代居民不可能就此放弃向太平洋以及美洲的迁移和开发，居住在这些地区的古代人民也并非处在一个完全与世隔绝的世界里。

过去已有不少学者介绍过中国古代与美洲古代文化里的比较接近的因子，今再举两例，请大家讨论。图一所示乃是出土于秘鲁纳斯卡（Nasca）文化的一件陶器。

图一　秘鲁纳斯卡文化陶器操蛇神像

图二　秘鲁强凯河谷奇姆文化戴蛇神像

该文化兴盛于公元前200～公元600年。这件陶器手制，陶器中上部的人物，头戴高帽，长鼻，左手操蛇（或蛇状物），右手持一个圆棒，棒上两侧是略下垂的长刺，似为权杖。裆下还有两个圆球状的东西，似为身后悬挂的物品。此人下面还有一个巨大的人面。据介绍，这种陶器都是单独制作的，与成批制作的日常用品不同。图二所示，是公元1110～1470年的一件棉织品，系秘鲁强凯（Chancay）河谷奇姆（Chimu）文化的遗物。它以黄、红色为主调，中央是一个站立的战士，头盔上有一个T形的装饰，头盔两侧悬挂两条蛇（或者是一条两头蛇），腰部也悬挂两条蛇（或是一条两头蛇），左肩部还见一个伸出的蛇头，两手各持一个狼牙棒似的棍棒，一侧似有三角形的齿状物。

　　这两件出土物，很容易让人想起《山海经》里的"操蛇""载（戴）蛇""珥蛇"等等的描绘。操蛇、戴蛇等神怪形象在从战国到东汉的墓葬及其出土物上也多有发现，比较接近上述第一例的，是台湾古越阁藏铜剑花纹上的神怪。这个怒发的神怪，左手操蛇，右手持武器，大概有类似的寓意。同样类型的一手操蛇、一手持武器的形象，广见于四川、重庆等地的东汉崖墓和砖墓中。比较接近第二例的，是河南辉县琉璃阁所出铜壶上的操蛇神像（图三）和江苏淮阴高庄出土铜器上的戴蛇、操蛇和珥蛇图像，两者都是战国时代的作品。但是，就整个神态来看，湖北荆州所出"兵避太岁"戈上的神怪形象与第二例更接近：都作马扎步正面半站立姿态，两臂弯曲上举，头顶上都有类似T字形的装饰。但是后者两手操蛇，身下又有一条蛇，而前者则两手各持一狼牙棒，头上、肩上和腰部均有缠绕的蛇，这又是两者的不同之处。

图三　河南辉县琉璃阁出土铜壶上的操蛇神像

　　环太平洋的古代文化圈，有许多类似的东西，有的年代接近，有的则相差甚远。一般说来，大多都是太平洋东部地区的晚，太平洋西部地区的早，比如土墩墓，比如吐舌人像，比如树皮布等等，都是如此。南美所见的操蛇和戴蛇人（神）像，年代也比中国的要晚，特别是上举第二个例子，年代比东汉的操蛇神怪晚至少数百年至千年，其间的关系究竟如何，目前还很难遽下结论。

（原载《中国文物报》1999年12月8日）

三星堆大耳青铜头像与古代耳部变形风俗

　　广汉三星堆商代祭祀坑所出大耳青铜头像，一出土就引起人们的广泛关注（四川省文管会等《广汉三星堆遗址一号祭祀坑发掘简报》，《文物》1987年10期）。三星堆所出青铜器，据研究，"明显地显示了一种或多种土著文化的特征，同时也反映出土著文化受到中原文化、尤其是楚文化以及中国境外其他文化的影响。"（巴纳德《对广汉埋葬坑青铜器及其他器物之意义的初步认识》，《南方民族考古》第5辑，1992年，40页）但是，青铜人像的硕耳从何而来，却不好断定。因为无论是中原还是楚地，抑或中亚、南亚，考古上都不见这种独特的耳部造型。

　　如果这种耳部形象不纯粹是艺术的夸张，那么它肯定是有特殊含义的。它很容易让人想起古代以及现代部分民族所流行的耳部变形风俗。这种风俗在亚洲、非洲和美洲都有存在。比如，婆罗洲马来西亚沙捞越地区和马来西亚的卡言族（Kayan）年轻妇女，在年纪很小的时候，把耳垂刺穿一个洞，然后套上耳环，随着年龄和财富的增长，耳环的数量和重量不断增加，以至于使耳下部垂落到双肩上（图一）。非洲埃塞俄比亚的瑟玛族（Surma）妇女，以下唇佩戴唇盘著称于世。据说，谁的唇盘大，谁的家长得到的彩礼——牛——就越多。但是，她们的下耳部也佩戴同样的耳

图一　马来西亚沙捞越卡言族妇女的耳部变形

图二　埃塞俄比亚瑟玛族妇女的唇部与耳部变形

盘，由于长期佩戴，即使取下，佩戴者的耳部也要比常人大差不多一倍（图二）。男人不佩戴唇盘，但是却佩戴耳盘（André Virel 1979. *Decorated Man: The Human Body as Art*. Paris）。南美巴西中部的一个名叫苏亚（Suya）的印第安人部落，作为成年仪式的一部分，无论男女，都要把下唇和耳垂穿刺，然后分别卡上圆形的唇盘和耳盘。随着年龄的增长，还要不停地换上更大的用木头做成的盘子，木盘的直径一直要到2～3英寸（1英寸为25.4毫米，后同）大小才算达到要求。戴上耳盘的苏亚人，其耳部显然要比常人的大得多。（*Enduring Beauty*. At National Museum of Kuala Lumur，1998）

　　中国古代南方也有耳部变形的记载，据《后汉书·南蛮西南夷列传》记载："哀牢人皆穿鼻儋耳，其渠帅自谓王者，耳皆下肩三寸，庶人至肩而已。"又说海南岛珠崖、儋耳二郡"其渠帅贵长耳，皆穿而缒之，垂肩三寸"。"儋耳"作为海南的代称，就是由此而来。张华《博物志》也记载："儋耳之人，镂耳颊皮，上连耳乞，状如头肠，累耳而下垂。"按照这些说法，中国古代南方民族似乎主要采用的是卡言人的办法，即在穿透的耳垂上佩戴耳环使其下坠，以至形成"垂肩一寸"的壮观。三星堆青铜大耳人像的耳部没有太多的下垂，反而更强调了耳上部的硕大，这是与上述耳部变形风俗有显著不同的。但是，假如两者存在某种内在联系，三星堆的大耳铜像，究竟是反映了另外一种耳部变形风俗，还是出于铸造工艺或宗教、美术上的考虑，则不得而知。考古上所见的大耳形象，以中美洲古代文明中心特奥蒂瓦坎（Teotihuacan）遗址所出的陶制和石制人像为最，有长方形和圆形两种（Kathleen Berrin and Esther Pasztory 1993. *The Teotihuacan: Art from the City of the Gods*. Thames and Hudson），前者更接近三星堆青铜器人像的耳形，后者则明显与上述苏亚人戴上耳盘的形象类似，也许反映了类似的耳部变形风俗。

（原载《中国文物报》1999年10月20日）

史前人的节约意识

随着生活一天天好起来，"节约"这个我们过去耳熟能详的词汇，离我们越来越远。其实，节约是我们中华民族的传统美德。许多年前，我们常常说：新三年，旧三年，缝缝补补又三年。是说衣服旧了，舍不得扔掉，修修补补再穿一段时间。这种节约的品德，其实在几千年前的史前时代即已存在，并且贯穿在日常生活的方方面面。

我们常常在史前的遗址中发现：陶器破了，在断碴的旁边，钻上几个孔，为的是用绳子把它锔起来（图一）。即使陶器破成许多碎片，无法复原，也还要把破碎的陶片磨成刀子或者纺轮，使它重新发挥作用。石器断裂以后，也常常是

图一　河南巩义市鲁庄所见现代陶器缀合

一分为二，使之变成两个器物，或者钻孔把它缀合起来。哪怕是不易钻的器形很小的装饰品，也往往要花费很大的工夫使之复原，更显示出史前人的节约意识和耐心。南京北阴阳营出土的许多玉器是折断后钻孔复原起来的（图二）。比如标本M46：4玉玦，它的中部曾折断，在断裂处两端各竖穿

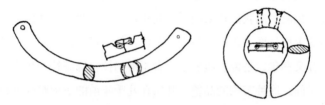

图二　南京北阴阳营出土的玉玦和玉璜

一孔，并沿端部边缘切割出凹槽。显然这样可以用绳子将两段牢结在一起。江苏丹徒磨盘墩出土的一件玉玦，不仅断裂处钻了两个小孔，以便系绳捆扎；玉玦的缺口处两端也分别钻了两个小孔，大概是缀合时大意了，把不该钻孔的地方也钻了孔所致。

（原载《中国文物报》1998年5月27日）

古代水稻的收割、储藏与加工

　　古代遗址中虽然可以发现不少石、陶、骨、蚌做成的镰刀，但是要从这些镰刀本身推测古代谷物收割的方式——是只砍去谷穗还是连根割掉——却并非易事。对镰刀刃部的显微观察和遗留物分析可以部分弥补这个缺陷，比如，因为谷物根部的泥沙较多且比较粗壮，连根收割会在镰刀的刃部留下与仅仅切割谷穗不同的痕迹。但是这种研究的可靠性还不能令人满意，必须佐以其他的证据。

　　中国古代典籍中所记相关民俗学的材料，为我们从考古学上研究水稻收割、储藏和加工的历史提供了很好的证据。宋人周去非的《岭外代答》卷四《舂堂》条这样说："静江民间获禾，取禾心一茎藁，连穗收之，谓之清冷禾。屋角为大木槽，将食时，取禾舂于槽中，其声如僧寺之木鱼。女伴以意运杵成音韵，名曰舂堂。每旦及日昃，则舂堂之声，四闻可听。"很明显宋代岭南地区的水稻还流行连秆儿带穗一起收割的办法。脱粒加工则是断断续续，即食即舂。

　　关于舂米的方法，唐刘恂的《岭表录异》卷上记之甚详："广南有舂堂，以浑木刳为槽，一槽两边约排十杵，男女兼立，以舂稻粮。敲磕槽舷，皆有遍拍，槽声若鼓，闻于数里。虽思妇之巧弄秋砧，不能比其浏亮也。"这种木头做成的舂臼，据说还用作棺椁之具。宋周煇《清波杂志》七

"《南海录》言'南人送死者无棺椁之具，稻熟时理米，凿大木著舟以为臼，土人名曰春塘。死者多敛于春塘中以葬。'"春塘即春堂。

岭南民族用木臼春米的情景在费孝通先生的《桂行通讯》里有更生动的反映。他说，在瑶区的王桑，"第二天一早，就在梦中听见有节拍的砰砰声，同惠（笔者按：费先生的新婚妻子王同惠，在这次广西之行中遇难）比我先醒，急忙去看，回来就叫醒我说一同去看他们春米。原来瑶人的田太狭，收谷时不能像汉人一般在田里把谷子打下。他们是用特制的小刀把稻穗连谷秆儿一同割下来，扎成把，每把8斤，在晒台上晒干了，一起放在仓库内。每天早上煮饭时，临时打谷春米。"（费孝通《芳草茵茵——田野笔记选录》，山东画报出版社，1999年，25页）这种加工方法似乎与早晚两次（"每旦及日昃，则椿堂之声，四闻可听"）脱粒的记载又有所不同，但都是即食即春的真实反映。这条记载还说明谷物的晾晒和储藏也是带秆儿操作的。推测带秆儿操作的原因很可能不仅仅是因为田地太窄狭，而更可能出于挂在屋檐下或家院里晾晒及储存的考虑。这一点也可从近代台湾高山诸民族谷物的收割和晾晒风俗中得到证明（刘其伟《台湾土著文化艺术》，雄狮美术，1986年，81～82页）。

考古发现的古代谷物遗迹和收割工具虽然很难让我们对当时从收割到脱粒加工的过程有一个透彻的了解，但是上述民俗学的资料却可以给予我们很多启示。以之观察河姆渡文化第4层大量的谷壳、稻秆儿和稻叶等的混合堆积物，也许我们可以猜想河姆渡的先民同样采用了连秆儿收割和储藏稻谷的方法，也许加工的方式也是即食即春，否则真是难以想象在如此狭小的一个地方堆积了那么多的连带谷壳、稻秆儿和稻叶的混合物！

（原载《中国文物报》2000年9月20日）

再说古代谷物的收割方法

拙文《古代水稻的收割、储藏与加工》发表以后，牟永抗先生迅速来函指正，吴汝祚先生也提出批评意见。隆情盛意，很让后生感动。其实，此文主要是根据古代的文献记录。由于古人观察和行文的局限性，从文献本身很难看出古代的水稻收割是从稻秆儿的什么部位切下的，所以我自己的文章也只能是含糊其辞。牟先生的来信（见后），无疑为我们解答了这个问题。这也可以看出考古学家与民族学家关注物质文化的焦点不同。

关于河姆渡文化水稻的收割，其实农学家已经有很好的研究。浙江省博物馆的俞为洁先生就曾正确地指出："河姆渡遗址发现的稻谷堆积大多是稻谷、谷壳、稻秆儿、稻叶混堆而成，从这些堆积块表面一些依稀可辨的稻秆儿遗存来看（因堆积物成块胶结在一起，无法做出精确测量），这些稻秆儿比一般原始穗收法所收穗头秆儿要长，而比现代用铁镰收割的稻秆儿要短，推测是在水稻植株的中部用镰或刀割下，连穗带茎叶一起收进。"（《河姆渡的谷物收割与加工》，《农业考古》1992年3期）这与拙文的推测是一致的，但比拙文的说法更准确。据俞文，我国西南的怒族，不久以前也还是用这种收割方式，即用小刀或砍刀，将成熟的谷物，从秆儿部的中央割断。

俞文还推测河姆渡收割水稻的方式可能与其储存和加工方式有关，这也同我的推测一致。实际上，正是由于水稻特殊的储藏和加工需要，才可能造就了河姆渡谷物堆积和建筑遗址混为一体的特殊现象。俞文所引用的两条史料，可以补充拙文的不足，兹征引如下：

（1）海南岛"黎人不储谷，收获后连禾穗贮之，陆续取而悬之灶上，用灶烟熏透，日计所食之数，摘取舂食，颇以为便。"（张庆长《黎岐纪闻》）

（2）"今农家构为无壁厦屋，以储禾穗及种稑之种，即古之'庙'（廪）也。"（王祯《农书·农器图谱》）

前者说明收割的稻谷晾挂在灶屋其实也许就是住屋的屋架上，后者则似乎是专门为晾晒谷物而搭盖的棚屋。无论如何，两者的功能都是挂晾带秆儿的谷穗，而非脱粒的子实，这是一致的。

2000年9月30日

附录

牟永抗先生来信

星灿同志：

　　刻读9月20日文物报三版大作，您思路宽广，注意广泛收集资料，可贺可嘉。

　　我1984年（即来中山大学出席人类学系庆祝那一年）到海南考察黎族建筑及风俗，曾在通什镇附近看到当地黎族收割稻谷的情况。田间收割均由妇女承担，此时男子坐在田埂上抽烟休息。妇女手握铁质手镰，形似双孔石刀，两孔间贯有细绳套在除拇指外的四指上，刀身握于手心。收割部位既不像现代汉人那样位于根部附近，也不仅仅割取稻穗，而是在稻穗下方的四五寸（1寸约为0.03米，后同）的稻秆儿分节处。即不连同稻叶，而仅割稻叶中的秆儿。当割到一手不能把握时，即用稻秆儿捆成一小把，当割成两小把时，将两把连捆成叉形，等待割满八至十个这样的叉形的双把以后，坐在田埂上的男子将其穿在一根竹杠的两头挑回家。此时妇女仍继续收割，挑回家的带秆儿稻穗，则挂在一间面积约四平方米的方形干栏式木屋中。

　　您引《岭外代答》"椿堂"条中，"取禾心一茎藳，连穗收之"及《桂行通讯》中"特制的小刀把稻穗连谷秆

儿一同割"两句话中的"一茎藁"和"连谷秆儿"两词，
应是同一事物，即指现代黎族的收割方式，和现代汉人近
根收割有别。我曾问过他们是否脱粒后保存，得到的答复
是到春米时才脱粒。也是每天早上由妇女起来春米，并且
不留隔夜米。我们曾到室内看他们的灶和锅，灶只是三块
石头把放，锅只是一个陶罐，饭和菜是混在一起放在同罐
中煮食。接待我们的主人只有二十几岁，能说汉语，他自
己说是通什高中毕业。我们问他"只有一只锅烧饭，菜在
哪里烧？"连问几遍他都听不懂。后来得知他们没有饭和
菜两种不同的概念。同行的有江西的陈文华和四川大学的
唐嘉弘。因当时没有带照相机，没有留下照片，所以看到
您的大作，立即用笔写下，供您参考。

　　祝

好！

　　　　　　　　　　　　　　　　　牟永抗
　　　　　　　　　　　　　　　　　9月21日夜

史前的粮食加工方法

由粮食的收割想到它的加工是很自然的事情。《易·系辞下》云："断木为杵，掘地为臼。"说明从很早的时候起，我们的先民就使用杵和臼加工粮食。不过就考古发现来看，北方地区从裴李岗时代以来，即盛行使用石磨盘和石磨棒。这种精致的加工工具虽在以后的时代式微了，但是北方整个史前时代似乎仍然以磨盘和磨棒为主要的粮食加工工具。南方的史前时代也发现过石磨盘和石磨棒（参见俞为洁《河姆渡的谷物收割与加工》，《农业考古》1992年3期。以下凡未注明出处者，均参见此文），但是，更出土过木杵和土臼的痕迹。比如河姆渡第4层发现过一件木杵，断面略呈圆形，杵头粗大，长92、头径8.3、柄径5厘米，研究者认为显系木杵无疑。除了木杵，南方还出土过一些石杵。比如江苏邳县（今邳州市）大墩子遗址下层的一处居住面上，曾发现三个臼形烧土窝，边上有集中堆放的石杵；那三个臼形的烧土窝，也许就是所谓的"土臼"。湖北京山屈家岭遗址和松滋桂花树遗址也都发现过一些石杵。最有意思的是1973年在湖北宜都红花套遗址早期遗存发现的两个保存较好的土臼，都位于T27的东南部，圜底状圆坑，周壁坚硬光滑。第1号土臼，口径0.44、深0.29米，东壁呈斜坡状。第2号土臼，口径0.27、深0.23

米。另外还在土臼的附近发现木杵的痕迹，长1.4米，中部较粗的部分直径0.14米，两端呈圆头状（陈振裕《湖北农业考古概述》，《农业考古》1983年1期）。这当是典型的木杵土臼遗迹。其实中原地区也发现过类似的遗迹。20世纪50年代夏鼐先生等在郑州地区的青台遗址试掘时，曾发现过一个土臼，呈圆底状，直径约20厘米，深约5厘米，烧成硬土，周缘比四周地表略高，近侧有石杵出土（夏鼐《河南成皋广武区考古记略》，《科学通报》1951年1期。此文收入《夏鼐文集》上卷，社会科学文献出版社，2000年。据照片看，舂臼的特征十分明显）。史前时代的粮食加工，是一项非常重要的研究课题，但是，由于保留下来的主要是石制的磨盘、棒和杵，而木制的工具很难保留，我们所得出的结论，未必就与史前的实际情况相吻合。查近代以来的民族、民俗资料，无论南北中国，使用杵、臼的传统都很盛行，而南方的杵、臼大都还是木制的。值得庆幸的是，使用土臼的现象直到最近还有保留。比如云南苦聪人，在屋内的地上挖一个坑，内垫·块兽皮，即用木杵舂谷（宋兆麟《我国的原始农具》，《农业考古》1986年1期）。这大概是史前土臼的一个缩影。它很容易地为我们解答了如何解决土臼渗土入谷的问题，当然木臼、石臼舂米不存在这个问题。

　　中国南北方的经济作物不同，史前的粮食加工方式似乎也有区别。北方虽有杵臼发现，但更多的是磨盘和磨棒；南方的磨盘和磨棒则较少发现，而有较多杵臼的遗迹、遗物出土。但是最后无论南北似乎都纳入杵、臼的传统中，这种独特的文化现象是什么造成、又是何时发生的，都是考古学上应该给予充分关注的课题。而从考古遗址中仔细辨别木杵、木臼、土臼和陶臼的存在，就显得尤为必要。

2000年10月1日

神秘的飞去来器

　　古代文化因子的类同现象是考古学研究的问题之一。有时候，甲乙两地相隔数万里，却有相似甚至相同的文化因子出现，让人叹为观止，莫名其妙。

　　去年我在澳大利亚访问，在维多里亚州的吉浪市参观了一个大型的埃及古代文明展，名为"法老制下的生与死"。展品均由荷兰莱顿国立古物馆提供，吸引了无数的游人前来观看。在这里我竟然发现了澳大利亚土著人民习用的飞去来器。飞去来器，英文叫boomerang，是澳大利亚人民狩猎的武器。通常，用飞去来器狩猎的地方，都是在地势低平且没有飞行障碍的水洼地带。有睡莲等水生植物生存的水洼地带，不仅为土著人提供了丰富的植物食物来源，也是水鸟聚集之所在。皮肤黧黑的土著猎人，隐蔽在水洼的一角，就用这扁扁的略有弯曲的飞去来器，投杀水鸟，给自己的饮食增添一点欢快的色彩。土著人所用的飞去来器，各种各样，一般是木头做成，呈曲尺状，夹角在120°左右或更大一些，有的上面还绘有五彩缤纷的动物图案，已经成为澳大利亚土著人民智慧的象征（图一）。因此，我绝对想不到在古埃及人的墓葬里会发现飞去来器。

　　我看到的这件古埃及飞去来器，是公元前1330年（新王国第18王朝）的作品。作为烧制而成的彩釉陶器，它长

37.5厘米，绿色，像一条美丽的海鱼，头部略大，中间微曲，不呈曲尺状，也没有明显的弯角。它不是一件实用品，而只是随葬用的护身符。上面写有国王图坦哈蒙的名字，还有莲花和眼睛的描绘（图二）。据专家研究，飞去来器是古埃及富家子弟狩猎水鸟的武器，这种游戏据说既刺激又具有巫术的意义。古代埃及人相信水鸟是威胁世界秩序的敌对力量，因此把这种狩猎水鸟的武器放置在墓葬中，据说可以起到保护死者的神秘作用。

图一　澳洲土著人用飞去来器狩猎水鸟

图二　埃及新王国第18王朝的飞去来器

　　还不知道古埃及人的飞去来器和澳大利亚土著人民的飞去来器有没有共同的来源，但它们的确很相似，不仅形状相似，功能更相似：它们都是狩猎水鸟的武器，都用在水洼或沼泽地区。不同的大概是：澳大利亚土著人民的狩猎更具有果腹的世俗意义，而没有古埃及富人的那份悠闲和洒脱。

（原载《中国文物报》1999年10月6日）

再谈飞去来器

澳大利亚土著人和古代埃及人都使用飞去来器，这很让我感到惊奇。后来注意所及，又发现一些，感觉仍有加以补充的必要。

说到飞去来器，我们常常会误认为它的形状是非常固定的。其实事实远非如此。不仅加工它的木料各地不一，就是它的形状，其中最主要的是夹角的大小，也各个有异，千变万化。法国卢浮宫埃及古代文明陈列所展示的那件，属于公元前1550～前1069年的遗物，木制，两端之间长约40厘米，木片宽约4～6厘米，夹角大约130°，一端大，一端小，显示了很美的造型（图一）（2000年6月25日笔者参观记录）。这个飞去来器与前述古代埃及的所见有异，那件的夹角很大，差不多接近一个长条状。（参看本书《神秘的飞去来器》图二）

其实中国的新疆，距今3000年前后也有飞去来器。比如哈密五堡就曾发现过一件用自然的弯木做成的弯弯的飞去来器，通长45厘米，臂长的一头细，另一端粗，夹角约135°，形状与前例又有不同（图二）（柳用能《新疆古代文明》，1999年，20页）。飞去来器的作用人所共知，此不赘述。我们不知道还有什么地方发现过这类器物，但是，就我们所知道的而言，三者都发现于干旱的有着广阔沙漠地

左：图一　卢浮宫所展古代埃及的飞去来器
右：图二　新疆哈密五堡出土的飞去来器

带的地区。沙漠地带开阔的地形和鸟兽逐水草而居的特性，给予人类以无限的灵感，因此便发明出这种充满着灵性和智慧的狩猎工具。过去我们曾把考古中发现的石球和当时的气候、植被情况相结合，以验证史前时代的石球是否曾经用作狩猎的"飞石"（陈星灿《中国旧石器时代的石球是狩猎工具吗？》，《纪念黄岩洞遗址发现三十周年论文集》，广东旅游出版社，1991年），也是把考古遗物的功能和施展这一功能所需要的环境综合考虑的结果。不论我们的研究结果是否与历史事实吻合，但目前使用"飞石索"的藏族人民，确实就是在开阔的草原地带开展狩猎活动的。这为我们研究飞去来器的功能和自然环境的关系提供了一个线索，要之，这种弯弯的木片也可以是在不同地区、类似的地理环境下独立发明的。

2001年2月26日

读书琐谈

吃的悲剧

从考古资料和文献看到古代的食器、酒器、食物品种以至与饮食有关的专业分工之细，可见中华民族是个贪吃的民族。由此可反映我们对自然界的猎取，是何等贪婪，使人怀疑中国人是否真的向往过"天人合一"的境界。

我们已经看到了工业文明给自然界带来的创伤，但这一切并非都是工业革命的结果，实际上自农业出现以来，过度的开发和人口膨胀已经种下了恶果。而过度的开发主要都跟吃有关。因为人类与其他一切动物不同，人类不仅要吃饱肚子，繁衍子孙，而且还要大量地储备食物，更要"食不厌精，脍不厌细"，无穷无尽地追求口腹之欲的满足。

我们先来看一下3000多年前商代晚期一个王妃妇好墓的随葬品：

木椁和涂漆木棺各1具，16个人殉和6只犬殉，约7000枚子安贝，200多件青铜礼器，5件大铜铙和16只小铜铃，44件青铜器具（其中有16把铜刀），4面铜镜，1把铜勺，130余件青铜兵器，4个铜虎或虎头，20多件其他青铜器，590余件玉和似玉器，100余件玉珠、玉环和其他玉饰，20多件玛瑙珠，2件水晶物品，5件骨器，70余件石雕和其他石器，20余枚骨镞，490多件骨笄，3件象牙雕刻，4件陶器和3件陶埙，

其中仅青铜器就有468件。据发掘者统计，总重量约为1625
千克。除了部分兵器，其中最大量的青铜器是用于吃喝的
食器和酒器。这还仅是一个规模很小的王妃之墓，超过此
墓十几倍甚至几十倍的商王墓中随葬的青铜礼器当更多，
可惜大多已被盗窃一空。原中山大学教授、著名的古文字
学家容庚先生在《商周彝器通考》中，对商同时代的青铜
礼器做了详细分类，其中食器有12个类型，酒器有22个类
型，水器有315个类型，商周贵族花在吃上的功夫不能不让
人叹为观止。

这种对吃的讲究，在《周礼》中记之甚详。我们看《天
官冢宰》《春官宗伯》二节，仅供给天子饮食的人就有膳
夫、庖人、内饔、外饔、烹人、兽人、渔人、鳖人、腊人、
食医、酒正、酒人、浆人、凌人、笾人、醢人、醯人、盐
人、幂人、小宗伯、郁人、鬯人等二十余种。其中膳夫"上
士二人，中士四人，下士八人，府二人，史四人，胥十有二
人，徒百有二十人"，掌管天子、王后、太子所饮用的酒、
浆、牲畜的肉类和有滋味的珍贵食物；庖人主管供应天子
膳食所需的肉味，包括马、牛、羊、豕、犬、鸡六种家畜
（六畜），麋、鹿、熊、麇、野猪、兔六种野味（六兽），
雁、鹑、雉、鸠鹦、鸽六种禽鸟（六禽）；内饔主管膳食的
切割、烹煮、煎熬和调和五味的事务，他们不仅要能辨认畜
肉的部位名称和皮、舌、心、肺、肠、胃、肝等肉食，以及
供给天子的百廿种的珍馐美味，还要把这百廿种美味和百廿
种酱品、八珍准备好，以备王公们的食用，也还要负责鉴别
牲畜的好坏和食物卫生等事；外饔是王室祭祀、宴宾等外事

时供应膳食肉物的官员；烹人主管为内外饔备置镬、鼎，负责烹煮事宜；兽人掌管猎获野兽，在不同的季节给王府置备不同的兽肉和皮毛；渔人是主管捕鱼的官；鳖人是掌管捕捉甲壳介类动物的官；腊人是掌管晒制干肉事务的官；食医是掌管调和膳食剂量的官；酒正是掌管造酒、用酒的官；酒人是次于酒正的官，负责主管酿造五齐（所谓泛齐、醴齐、盎齐、缇齐、沉齐等用稻、粱、黍三米制成的有滓的主要供祭祀用的浊酒）、三酒（事酒、昔酒、清酒等三种主要供人饮用的酒）的事务；浆人是掌管天子所用六种饮料的所谓六饮的官；凌人是掌管藏冰用冰的官；笾人是掌管四种馈食竹笾所盛放食物的官；醢人是掌管朝食、馈食的加豆、羞豆等四种木豆所盛食物的官；醯人是主管用酸醋调和醢人所供的五齐、七菹（七种不同的腌菜）及所有用醋合以成味的食品的官；盐人是掌管食盐的生产、分类、储藏和供应的官；幂人是掌管天子覆盖菜肴所用布巾事务的官；小宗伯是掌管国家的典礼制度，分辨谷物、酒器的官；郁人是掌管帝王祭祖、祭神以及宴宾时所用器具的官。每一种官职所司职事名目之多，令人咋舌。

这中间也许有杜撰的成分，但先秦帝王在吃上所花费的时间、精力，所耗费的人力资源和吃掉的珍禽异兽之多，由此可见一斑。

我们再来看看战国时代的一份食谱，这是从《楚辞·招魂》中摘引的一段。

（原文）室家遂宗，食多方些，稻粢穱麦，挐黄粱些。大苦咸酸，辛甘行些。肥牛之腱，臑若芳些。

和酸若苦，陈吴羹些。胹鳖炮羔，有柘浆些。鹄酸臇凫，煎鸿鸧些。露鸡臛蠵，厉而不爽些。粔籹蜜饵，有餦餭些。瑶浆蜜勺，实羽觞些。挫糟冻饮，酎清凉些。华酌既陈，有琼浆些。归来反故室，敬而无妨些。

（今译）家族尊奉聚一堂，饮食饭菜多花样。大米小米和麦粉，里边还要掺黄粱。有苦有咸又有酸，辣的甜的都用上。精选肥牛大蹄筋，炖的烂熟软又香。调和酸味和苦味，摆上精制吴味汤。烧煮甲鱼烤羊羔，拌上一些甘蔗浆。醋熘天鹅炖野鸭，又煎大雁又烹鸽。熏烤全鸡焖海龟，味道虽浓胃不伤。油煎蜜饼和甜糕，再浇一些麦芽糖。美酒甜酒样样齐，传递杯盏注满觞。除糟加冰作冷饮，醇酒清心又凉爽。雕花酒斗摆整齐，劝饮美酒有琼浆。盼您灵魂回故居，恭敬待您并无妨。（《楚辞》，湖南出版社，1994年，198～200页）

这种种花样在稍后的湖南长沙马王堆汉墓随葬品中得到证实。一号墓四十八个竹笥中就有三十个盛有食品；三号墓五十二个竹笥中，盛放食品的更有四十笥之多。还有的盛放中草药和香料。根据实物鉴定及木牌文字所记，墓中的粮食品种有稻、小麦、黍、粟、大豆、赤豆、麻子等；水果有梅、杨梅、梨、柿、枣、橙、枇杷、甜瓜等；其他农副产品还有芋、姜、藕、菱角以及冬葵子、芥菜子等。随葬的肉食品鉴定属于兽类的有黄牛、绵羊、狗、猪、马、兔，还有长沙久已绝迹的梅花鹿；属于禽类的有鸡、野鸡、野鸭、雁、鹧鸪、鹌鹑、鹤、天鹅、斑鸠、鹬、鸳鸯、竹鸡、火斑鸡、鸮、喜鹊、麻雀等；鱼类有鲤、鲫、鳜、刺鳊、银鲴、鳡等，还有鸡蛋数筥。这些食品都是精心烹调后随葬的。据实物及竹简记载，调味品有盐、酱、豆豉、糖、蜜、麹、醋等数种，烹调方法则有羹、炙脍（细切肉）、濯（将肉放在菜汤里煮熟）、熬（干煎）、腊、濡（煮熟了再用汁和着），脯（肉干）、菹（切成肉末和酱醋一道弄熟）等名目，仅羹就有五种。酒的名目也很多，有白酒、米酒、温（酿）酒、助酒（过滤过的清酒）。饼食则有稻食、麦食、黄粢食、粔籹（蜜和米面熬制成的糕）、仆促、稻蜜糒（用米和蜜制成的块状或糊状的食物）、稻米（米粉）、枣米（枣子与米麦一起熬制）、白米等。

　　我们不需再征引中古时代的著作，比如宋时的《东京梦华录》《梦粱录》《武林旧事》等书所记的古代食谱，也无须再记录下现在我们哪怕是一个小小餐馆提供的那一份份让人垂涎的菜谱。中国吃的文化历经数千年，称雄世界，可谓无可争议地属于世界第一。论种类，可谓无所不吃，凡天上飞的，地上走的，水中游的，几乎都可以堂而皇之地走上我们的餐桌；论名堂，凡人类能够想到的好名字，比如群仙羹、法手蟹、望潮卤虾、玉屑糕之类都可以让我们大快朵颐；至于烹调盛放食品的器具，那更是考古学和金石学研究的一个专门学问，一代有一代的称呼，颇可以耗尽学者们的精力而仍让你糊里糊涂。只可惜无论从文献或者从考古出土物上看，每往后一代，餐桌上的花样都要减少一些，那大多不是禁猎的结果，而是有不少的种类永远从人类的餐桌上消失了。长沙人现在不能再像轪侯夫人那样以梅花鹿为食了；北京的街头也很少再听见麻雀的叫声；秋冬季节，家乡人很忌讳的被视为不吉利的乌鸦的叫声，在北京听来倒让人觉到了些许的安慰。

行文至此，我很难相信中国古代有过"天人合一"的境界；对自然界的猎取，我们似乎从来信奉的都是"我为刀俎，人为鱼肉"那样"你死我活"的辩证法。在此意义上说，苏秉琦先生基于一个著名考古学家和一个有社会良知的智者发出的"人类必将毁于自己手中"的惊叹，不啻是一个响雷，足应引起我们人类全体的警惕和共鸣。我们是否可以再演绎一步：人类必将毁灭于其口腹之欲中。

（原载《时报月刊》1998年1期）

关于树皮布的民族学记录

　　中国南方及东南亚考古学上发现的方形、长方形的形态各异的带槽的石头拍子，从民族学的同类发现可证明，某些确是古代制作树皮布的拍子（见下图）。目前已经很少有人生产树皮布，制作的程序也不被一般人所了解。但是，古代和近代的文献仍给我们留下了不少有价值的关于制作树皮布的记录，民族学家凌纯声、凌曼立父女述之甚详（凌纯声《中国古代的树皮布文化与造纸术发明》《"中研院"民族学研究所集刊》第11期，1961年；凌曼立《台湾与环太平洋的树皮布文化》，《"中研院"民族学研究所集刊》

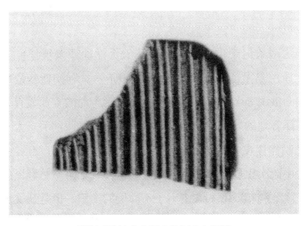

深圳咸头岭文化出土的树皮布打棒

第9期，1960年），可以参看。兹就读书所及，选录二则新发现的史料如下：

> 散得维齿人（即夏威夷群岛居民——引者）用一种树制作自己的织布，这种树欧洲植物学家叫桑科树，用下列方法制出。从树上取下树皮后分出内皮，将内皮切成小块，类似刨花，放在水中浸泡，直到腐烂为止。以后捞放到方木板上敲打，因为这些多纤维的小块相互黏合着，被轧以后便织成薄薄的纺织物，最后用从根茎和浆果提炼出的染料染成各种颜色。用细竹条描画条纹或斜纹，竹条一端分着叉。织物之制作与织条纹图案均由妇女操作。
>
> 马克萨斯和华盛顿群岛居民用一种叫作"耶乌基树"的树皮，做成白色的织物。其制作方法颇为简便。搜集大量树皮后，浸泡直至木质碎块同叶脉用棒槌敲打后相分离时为止。然后压碎，相互黏合，结果变成像一张纸似的东西，最后将这种东西摊在地上，变干后即可使用。

这两条记录辑自《利相斯基太平洋地理发现记》（徐景学译，黑龙江人民出版社，2000年）。利相斯基是19世纪初的俄国著名航海家，由于他受过多方面的专业教育，对太平洋各地的发现有准确而可靠的记录。这两则关于太平洋岛民制作树皮布的记录，显然也是翔实可靠的。不过中文译文中数次出现"织""纺织"的字样，如果不是翻译的误解，就是利相斯基本人使用了不准确的字眼。但是从文本的上下逻辑关系看，中文翻译出错的可能更大。当年《马可波罗游记》有关于我国西南某地人民制作树皮布的记载，而且准确地使用了"做"而不用"织"字，但是后来冯承钧先生的译本，却把它错误地译为"织"，显然是不明白树皮布系经拍子捶打而成的道理（参见上注凌纯声先生文）。这里出现的"纺织"一词，可能也是缘于同样的误会吧。

（原载《中国文物报》2000年4月5日）

史前人饲养猪的方式

　　黄河流域到了仰韶时代，遗址中猪的比例非常之高，可以证明猪已是人们的豢养之物。但是，猪是怎样饲养的？有学者提出农业经济是家畜饲养的前提，没有谷糠和秸秆儿，就不可能有家畜业的存在。这个问题姑且不论，问题是家畜比如猪的饲养必须有一个稳定的环境，且局限在一定的空间内，使之不能随意走出村外，流失荒野或者落入他人之手。

　　饲养猪的地方，应该有土垒的围墙、壕沟或竹木扎成的圈栏。西安半坡遗址居住区的北面，有两个不规则的长条形建筑遗迹，不宽的沟槽内挖埋柱洞，就有可能是饲养猪的地方。临潼姜寨遗址在房屋建筑周围既发现有动物圈栏，也发现有牲畜夜畜场，恐怕主要是饲养猪的场所。青海诺木洪遗址曾发现羊圈，圈栏内的羊粪堆积厚达15～20厘米，可以作为史前家畜圈养的明确证据。不过考古发掘并不都是这么幸运，我们发现更多的往往是房址和各种类型的灰坑，有些灰坑面积很大，又比较浅，且无特别的遗物出土，很可能也充当过猪圈的功能。山东胶县三里河大汶口文化H227，袋状坑，口径0.8、底径1.1、深0.86米，在坑内距口深0.6～0.86米处，掩埋着五头完整的幼猪（见图）。从掩埋情况看，研究者认为这个袋状坑可能是一个猪圈。甲骨文中的"家"字，为一屋盖下养猪之意，可见家与猪的豢养有很大关系，

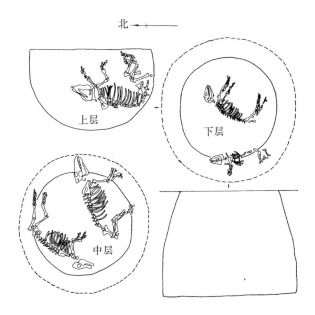

北 ←

上层

下层

中层

山东胶县三里河H227出土猪骨架

同时，也印证了许多后进民族人猪杂处关系的存在。比如，巴布亚新几内亚岛上的乌纳部落民，至今还生活在石器时代，他们种地，也饲养家畜。女人在屋内喂猪养羊，甚至让猪崽羊羔吸吮自己的奶水，这是我们"文明人"所难以想象的，但却更接近史前时代的实际。（《乌纳人天天磨石刀》，《环球时报》2000年3月3日第13版）

　　南方地区的考古发掘，很少明确发现史前猪圈的遗迹。但是，除了汉墓陶明器中所见的上住人、下住猪的人猪混处情况外，我们很容易在古代的典籍中发现更细致的描述，比如宋代周去非的《岭外代答》卷四《巢居》条这样说："深广之民，结栅以居，上施茅屋，下豢牛豕。栅上编竹为栈，不施椅桌床榻，唯有一牛皮为裀席，寝食于斯。牛豕之秽，升闻于栈罅之间，不可向迩。彼皆习惯，莫之闻也。"这种情况一直到了现代，在岭南和西南许多少数民族地区，仍是如此。这种干栏式的建筑形式，人畜共居，是很难单独发现猪圈遗迹的。

（原载《中国文物报》2000年4月26日）

死亡年龄不再是判断动物
是否家养的主要标志

在我们的历史和考古教科书中，判断动物是否家养的一个主要标志，是根据它的年龄。比如，郭沫若先生主编的《中国史稿》第一册是这样说的："从西安半坡的发现来看，绝大部分的猪都是在幼小时候宰杀掉的。这或者是由于人们的生活资料缺乏，不得不杀掉小猪充饥；或者是饲料缺乏，无力饲养所致；也可能是缺乏经验，无法把猪养大。"（1976年，57页）仰韶时代的猪无疑有许多其他的证据证明是家养的，这一点已成定论。问题是年代更早一些的猪骨，判断是否家养的主要证据如果单靠猪骨的年龄特征——如果年幼就一定是家养的话，那就很难说这个判断是正确的。

目前世界上最流行的考古学教科书——伦福儒和巴恩所著《考古学：理论、方法与实践》——对此有扼要的说明。书中说："过去曾认为遗址出土动物群中未成年或年幼动物所占的比例越高，便越代表了人类的参与，因而这些动物便与所谓的'标准的'野生动物有了根本的区别。但是目前的研究显示，在野生动物群中，年幼动物的性别比例或数量是可以有很大区别的。不仅如此，所有的狩猎动物（不仅仅是人类）对猎物都是有选择的，它（他）们主要追逐更弱小的动物。所以，动物群中未成年动物的比例之高本身，难以作为动物家养的足够证据。"（Colin Renfrew and Paul Bahn 1996. *Archaeology: Theories Methods and Practice*, 2nd Edition, p. 278. Thames & Hudson）

其实从动物遗骸判断该动物是否家养是一个非常复杂的问题，特别是涉及家畜起源问题时尤其如此，至今也没有一个统一的判断标准。上述的《考古学：论理、方法与实践》一书，为我们介绍了这一工作的最新进展，在此略做介绍。

1. 观察动物骨头的显微结构（microstructure）特征。动物考古学家在显微镜下观察山羊、绵羊和牛的肢骨剖面，研究发现家养动物和野生动物骨骼的腔隙（internal lacunae）大小有别，腔隙间的骨骼厚度也判然不同。比如对智利出土的家养和野生动物的足骨观察显示，前者的髓腔较大。这种特征被认为是人为作用的压力造成的。家养动物之缺乏活动、营养不良、退化等等因素或这些因素的综合作用，导致了它们的骨骼发育不如野生动物的强壮。这项研究方法正在得到进一步的验证，如果确认是一种规律性的东西，对于从考古遗址中区别家养和野生动物将会是非常富有成效的。

2. 观察动物毛皮的特征。野生动物和家养动物的毛发特征非常显著，如果考古遗存中能够侥幸有动物的毛皮留存下来，可以分辨动物是否家养。英国动物考古学家就从维京人的织物分析中做到了这一点。南美考古学家通过对古代毛皮的显微分析，也成功地做到了这一点。这种方法对于罕见动物骨头遗存的地方尤其行之有效。

3. 研究动物的群体而非单个动物本身。如果某个地方的动物其野生祖先确知不在此地，那么它的存在无疑可以作为人工引进和驯化的一个强有力的证据。但是，我们关于野生动物分布的知识往往是不够的，所以即使遇见这种情况，在做出判断之前也要慎重。

最后，该书还明确指出，对于目前流行的根据动物形态特征比如下颌骨变小和齿冠增大作为判断动物家养的一个标准，也是需要非常慎重的。原因在于这些标准并不绝对可靠，这些特征的形成需要多长时间我们并不知道，中间形态如何也不清楚。此外，虽然家养可以带来动物体形变小，但是环境变化的因素也可以造成同样的效果，比如冰期结束使很多野生动物变小就是明显的例子。还有，就是我们对于早期野生和家养动物之间的可能存在的交往历史也不甚清楚，其间的基因交流更无从得知。

再回到开头的问题上，为什么遗址中发现的猪骨往往是年轻的多？《诗经·豳风·七月》所谓"言私其豵，献豜豝于公"，就是说把"岁把的小野猪儿留给自己，把三岁的大野猪献公爷"（金启华《诗经全译》，江苏古籍出版社，1984年，328页）。这首揭露剥削者的著名诗篇，揭示出小猪易得，大猪难猎的道理，从一个侧面说明单据猪的年龄特征推断其是否家养是不见得靠得住的。

（原载《中国文物报》2000年5月24日，有增删）

窖穴和灰坑

考古记录上的"灰坑"一词，实际上是一种约定俗成的称呼，它主要指代各种功能不一的窖穴而非垃圾坑。吴小平《"灰坑"小议》（《中国文物报》1999年12月29日第3版）一文对此辩之甚详，无需再申。

我国的考古报告何时广泛使用"灰坑"一词，倒是一个值得研究的问题。但是，灰坑的概念在20世纪50年代的报告中，即已大量使用，代号也是"H"。比如，1959年出版的《洛阳中州路》一书，在《居住址遗迹》中，就辟有仰韶灰坑、殷代灰坑和东周灰坑等等，其中还提到前者出土的"多量的猪骨"（9页）。1963年出版的《西安半坡》一书，特辟《储藏东西的窖穴》一节，直接用"窖穴"代替"灰坑"，原因在于作者认为这些所谓的"灰坑"，"绝大多数是用来储藏食物和用具的"（45页），并说这从民族学中可以找到很多证明。1988年出版的《胶县三里河》一书，也用"窖穴"而不用"灰坑"，尽管遗迹单位的代号仍用"H"。报告作者不仅注意到窖穴的形状和种种防潮加工痕迹，还特别留意所出遗骨、遗物。比如提到大汶口文化H128、H223、H217、H312等几乎堆满了贝壳类，H118和H210则有鱼鳞堆积；龙山文化H126近底部发现一头成年大猪等等，揭示这些"灰坑"主要都是储藏食物的窖穴。

储藏粮食的窖穴，在民族学记录里常见。此举两例：

努加—吉瓦岛人房子周围还有储藏室及小菜园，园中生长树木，岛民用这种树可制成他们所需用的织物。这些储藏室或地窖，并不特别，只是用卵石砌成的小圆坑。墙壁和地面用黏土抹上，覆盖树叶和树枝。里面保存各种物品，大部分是各种根茎及面包树果实。储藏品放到上述的树叶上，然后撒施上掺沙子的黏泥，再盖上土。居民说，这种方法是保管水果和根茎植物的最好办法。（《利相斯基太平洋地理发现记》，徐景学译，黑龙江人民出版社，1999年，79页）

夏季锡特卡人的一般食物是：鲜鱼、北欧海豹肉、水獭、海狗及各种浆果，而冬季则吃腌鱼、海兽脂肪。他们也准备大量鱼子，特别是鲱鱼子。当鲱鱼在岸边产籽时，所有男人和妇女都用杉树枝捞，挂在岸边树上晒干。然后再将鱼子放置在大筐里或者埋在坑里，保存到冬天。（同上注徐景学译书216页）

上述分别生活在热带和寒带的两个民族，都广泛应用窖穴或土坑储藏食物，可见窖穴应用之广泛。其实中国古代对窖穴的储藏功能，知之甚详。《诗经·豳风·七月》"二之日凿冰冲冲，三之日纳于凌阴"，就是描述冬日凿冰埋藏在窖穴里以供贵族热天使用的故事。考古上所见各种不同类型的"灰坑"，除了代表文化和地区差异外，也当一定程度上反映了储藏物品的不同，食物只是其中比较多的一种，至于更细致地了解，必须做大量的工作才可能达到；在更多的情况下，我们只能用"灰坑"称呼那些永远也无法了解其功能的各种窖穴。还有，就是窖穴和作为垃圾坑的"灰坑"往往代表一个动态的过程，两者是可以互相转换的。

（原载《中国文物报》2000年7月12日）

古代的人牙装饰

　　学生时代的张光直先生，曾写过一篇有意思的短文，发表在《台湾大学考古人类学刊》1957年第9、10期合刊上，题为《圆山出土的一颗人牙》。张先生对这篇文章极为珍视，近40年后，又收集在他的个人文集中。（张光直《中国考古学论文集》，[台北]联经出版公司，1995年，265～271页）

　　这篇文章披露，在台湾著名的圆山文化遗址，曾出土过一枚穿孔的人牙。该牙齿是1930年日本人铃木谨一氏发掘所得，编号2045，不过张先生注意及此，是在1954年宋文薰先生在台大人类学系旧藏标本中重新"发掘"之后。张先生认为这枚人牙属于圆山文化II期，年代约在公元前1600～前1000年左右。因为这枚牙齿，是人类上颌左侧外门齿（另外鉴定属于上颌左侧内门齿，见张文注释），且齿冠舌面具有明显的箕形；而1954年台大在圆山丙区所发掘墓葬出土的三枚上内门齿，毫无例外地均无箕形，而后者又没有不是圆山本族人的理由，所以张先生推测1930年出土的穿孔人牙，颇有属于"异族"的可能。这牙齿的来由，可能属于猎头所得，因为在台湾的不少高山族群比如泰雅、邹族等都曾把猎来的外族人首穿孔或者把人牙穿作颈饰，目的即是炫耀武力。所以张先生进而推论，在圆山人时代可能已存在猎头风俗。果如此，这种风俗在台湾出现的时代比三国时沈莹《临海水土志》（成书在公元264～280年）所记要早1000年。

这篇文章发表后没有多少反应，大概主要是同类的发现太少之故。据说最近台湾又有新的发现（据历史语言研究所李匡悌先生告知），但是正式的报告尚没发表。倒是我在读书过程中，找到此类发现的一些线索。

其一是说西太平洋中的华盛顿群岛居民，曾经用牙齿串成项链。但是由于语焉不详，线图又太小，我们不知道这些牙齿是人牙的哪些部分，但是因为与用猪獠牙做成的项链并列摆放，也许不仅说的是人牙，而且可能还是人类的门齿。（尤·利相斯基《利相斯基太平洋地理发现记》，徐景学译，黑龙江人民出版社，2000年，75页）

其二，新西兰毛利人曾用人牙和青玉穿为一体（图一）

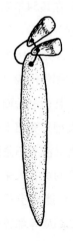

（D. C. Starzecka 1996. *Maori: Art and Culture*, p.44, fig.28. British Museum Press. 笔者2000年8月在挪威访问时据照片绘制），作为耳坠使用。据我所见的两个穿孔牙齿看来，是人的门齿无疑，但是由于只能看到照片所示的唇面，看不到舌面是否具有箕形。穿孔也是在齿根上。研究者认为这可能属于佩戴者父亲或祖父的牙齿，因而具有保护佩戴者的作用。

图一 新西兰毛利人所用人牙装饰

其三，见诸晋张华《博物志》："蜀郡诸山夷，名为僚子。

妇人妊身七月，生时必须临水；儿生，便置水中，浮即养之，沉便遂弃也。至长，皆拔去其上齿、后狗齿各一，以为身饰。"（《太平御览》卷三百六十一《人事部》二《产》）这说明早在汉晋时代我国西南民族即有以人齿为饰物的，而且主要是上外侧门齿和犬齿，与圆山和毛利人所见类似。

因为在我国大陆地区，至今都没有找到同类的考古发现，所以尽管在我国东部、南部地区的史前时代盛行拔牙风俗，也发现过不少可能与猎头有关的现象，但仍然很难把人牙装饰和这两种文化现象联系起来。要之，用人牙作为装饰的既有考古学发现又有民族学发现，都在我国南方和太平洋诸岛屿上，这可能与南岛语系从大陆向太平洋地区的迁播有关，大概也属于太平洋文化丛的一分子，但是其用意如何，可能因各地区的文化不同而有所变化。上述毛利人和我国西南古代民族用作装饰的牙齿，可能都不是从敌人那里获得的，应当也与炫耀自己的勇武有力无涉。行文至此，很希望我们在今后的考古发现中能够发现这类遗存。

2001年2月22日

古代的窗户

2000年7月我到比利时海南特省的奥贝歇思遗址（Aubechies）访问。这里实际上已经成为田野博物馆，根据发掘资料复原的古代房屋和志愿者装扮的古代各色人等，拉近了游客同古代历史的距离。陪我来的法国考古学家伊夫·古尚是这里的常客，他看我对史前时代的长条形房屋感兴趣，就对我说这里的一切都是根据考古资料重建的。我问他，那么说房子上的窗户也是真实的啦？他说，也许只有这些窗户是考古学家的想象，因为考古发掘并没有发现窗户之类的遗迹。

的确，我们发掘了那么多的史前房子，但是就我所知，真正明确的窗户却是没有发现过。当年《西安半坡》发掘报告发表了许多房屋复原图，有方也有圆，但是一个也没有窗户。陕西武功赵家来遗址客省庄二期文化遗址曾发现一个房屋形的器盖，把部如圆锥形之屋顶状。中心有一圆形凸起之盖纽（图一），把顶作伞形，下接细颈，颈侧有两

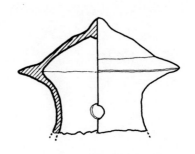

图一　陕西武功赵家来遗址
出土房屋形盖纽

个相对称的圆形镂孔，把身中空（中国社会科学院考古研究所《武功发掘报告》，文物出版社，1985年，133页）。如果说这是一个房屋的造型，那么中间对称的镂孔与其说是代表一门一窗，还不如说更像房屋的两个门道。也许仅仅是装饰上的考虑。湖北枣阳雕龙碑遗址曾发掘出新石器时代的推拉门遗迹，工作不谓不细，但是也没有听说过有关于窗户的发现。倒是1960年初在江苏邳县大墩子的发掘，随葬品中发现了两件有窗的陶制房屋模型，其一"立面作长方形，有檐，攒尖顶，前设门，左右和后墙有窗，壁上刻划有狗的形象"；其二"立面呈三角形，前为门，左右及后墙亦设窗"。可惜前者既没附线图，也无照片。后者从照片观察，似乎很难看出门和窗的明显区别，倒更像是房屋四面开有四个门道。（南京博物院《江苏邳县大墩子遗址第二次发掘》，《考古学集刊》1，41～42页）

　　按照逻辑推理，窗户应该很早就被人们所发明。因为它既满足通风，也满足照明，同时技术也并非十分复杂。但是实际上在很晚近的时代，许多民族的房屋上还不见窗户，房屋只是一个避风遮雨的所在（利普斯《事物的起源》，汪宁生译，敦煌文艺出版社，2000年）。而窗户的功能实在是超出了这些需要，而变成具有某种审美意义上的东西。重庆巫山琵琶洲遗址周围目前尚存许多现代土房，有的没有窗户，有的则已出现窗户，窗户出现的逻辑过程在该村差不多可以得到完整的复原。这些由大概平均0.5～0.7米厚的夯土墙垒成的房子，最先可能是普遍没有窗户的。然后，开始出现了窗户的萌芽，就是在夯土的过程中，在门的两侧大约1.5米左右的高度开始对称地埋入两块平行的木板，木板之

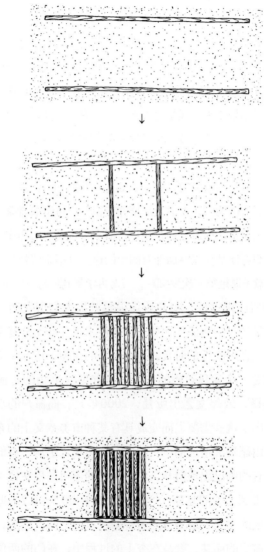

图二　重庆巫山琵琶洲所见现代窗户的逻辑发展过程

间的距离大约0.7米左右，但房屋盖成后，木板之间的夯土并不挖出，这个窗户实际并不具备通风透亮的功能。再以后，又在两块木板两端之间加了两块竖立的木板，变成为长方形的木框，但是中间的夯土也不挖出。再以后，又在木框中间竖立几根平行木棍，有了窗棂，又向窗户迈进了一步，但是仍不把窗棂之间的夯土掏出，所以这个窗户仍是仪式性质的。最后，才有人家把中间的夯土挖出，通风透气的窗户终于出现了（图二）（2000年11月笔者调查资料）。由于夯土墙的墙体很厚，窗棂之间的间距又小，所以总的看来，实际上窗户透光的作用不大。室内的照明问题主要是通过房屋顶部的"天窗"（通常是瓦之间放置一块玻璃）解决的。如果我们看到的逻辑过程，即是历史过程的真实反映，也许技术问题才是古人设计窗户的最大障碍，即在解决窗户本身的加工之外，必须考虑墙体的重量和窗户的承重问题。夯土墙如此，后来的土坯墙也复如是。

但是在木骨泥墙的时代，窗户承重的问题并不十分困难，这时有无窗户，窗户又如何解决，我们只有期盼考古学上的新发现。《史记·仲尼弟子列传》曾有这样的文字："伯牛有恶疾，孔子往问之，自牖执其手，曰：'命也夫！斯人也而有斯疾，命也夫！'"这说明孔子的时代窗户一般很低，如果有窗棂也不会很复杂，否则很难设想孔子会从窗户把手伸到里面握住伯牛的手，也许这时窗户的照明功能仍旧次于它的通风功能也说不定。

2001年2月15日

补记：承吴汝祚先生告知，湖北应城门板湾遗址出土一座保存完好的屈家岭文化多室大型房屋，其中发现7扇窗户，"除一扇在北墙外，有6扇窗开在南墙上，除Ⅰ室为小扁窗外，余5扇皆为落地式大窗，Ⅳ室北墙一扇窗通走廊，其他6扇均通室外。五扇落地窗形制、大小皆相似，尤以Ⅱ室两扇保持最完好，有窗楣、窗台、窗框及一些细部结构，值得一提的是在窗框凹槽内还发现了一件用作垫窗扇轴的白状圆形小石块。落地窗通高86、宽88～96厘米，窗台距室内居住面高约6～10厘米"。（李桃元《应城门板湾遗址大型房屋建筑》，《江汉考古》2000年1期）此种窗户作何功能，因为发掘面积有限，还不易遽定。但与我们通常意义上的窗户似有不同。

角先生

　　1999年盛夏，考古工作者在河南省汝州市公安局建设工地发掘到宋代的夯土台基，夯土层中发现一枚逼真的酱釉瓷祖（见下图）。因为它的完整无损，考古学家认为"瓷祖是筑夯过程中有意放入的，其用途可能与奠基或宗教信仰有关"。（《华夏考古》2000年3期，31～40页）

　　考古学家没有对此做过多的讨论，夯土中有无其他更多的类似物件，因为发掘面积很小，不能肯定。这座建筑基址的用途如何，同样因为发掘面积太小，目前也不能肯定。但是这个地方因为距离宋代的汝州州府只有200米左右的距离，想来不是官府，就是当官的私宅，那是没有问题的。

酱釉瓷祖T2（4）：27

看到这件瓷祖，我立即想到了以前读到的周作人先生《希腊拟曲》中所谈到的Baubōn。所谓Baubōn就是"角先生"。周作人先生这样描述它："古文辞中多称Olisbos，或Phallos，据《Suidas辞典》云，昔用无花果木，后用红革所制，作男子生支状，在迭阿尼索思（Diōnusos）祭时，祭众悬于颈项或胯下，跳舞以敬神。又，古喜剧注释中或称之曰Skutinē epikouria，义云'革制助手'，又云hois khrōai hai khēai gunaikes，寡妇们用之。中国文献上作何称，未详，惟唐义净译《根本说一切有部苾刍尼毘奈那》卷十七，以树胶作生支学处第九十四云：

> 缘处同前（案上文七十三云，佛在室罗伐城），时吐罗难陀苾刍尼因行乞食，往长者家，告其妻曰，贤者，夫既不在，云何存济？彼便羞耻，默而不答。尼乃低头而出，至王官内，告胜鬘妃曰，无病长寿！复相慰问，窃语妃曰，王出远行，如何适意？妃言，圣者既是出家，何论俗法？尼曰，贵胜自在，少年无偶，实难度日，我甚为忧。妃曰，圣者，若王不在，我取树胶，令彼巧人而作生支，用以畅意。尼闻是语，便往巧妻所，报言，为我当以树胶作一生支，如与胜鬘夫人造者相似。其巧妻报言，圣者出家之人，何用斯物？尼曰，我有所须。妻曰，若尔，我当遣作。即便告夫，可作一生支。夫曰，岂我不足，更复求斯？妻曰，我有知识，故来相凭，非我自须。匠作与妻，妻便付尼。时吐罗难陀尼饭食既了，便入内房，即以树胶生支系脚跟上，内于身中，而受欲

乐，因此睡眠。时尼寺中忽然火起，有大喧声，尼便惊起，忘解生支，从房而出。众人见时，生大讥笑。诸小儿见，唱言，圣者脚上何物？尼闻斯言，极生羞耻。"（钟叔河编《周作人文类编》卷五《上下身》，湖南文艺出版社，1998年，215～216页）

所谓以树胶作生支者，就是说用树胶做成男根的形状。"生支"云云，就是角先生。

这则故事虽在宋代以前，但不是中国的故事。不过用树胶等物做成男根形状"用以畅意"的事情，看来中国古代也不少见。周作人在随后的著作中，又引用了可能是清道光年间的林兰香小说，其第廿八回中即说到此物：

京师有朱姓者，丰其躯干，美其须髯，设肆于东安门之外而货春药焉。其角先生之制尤为工妙，闻买之者或老媪或幼尼，以钱之多寡分物之大小，以盒贮钱，置案头而去，俟主人措办毕，即自来取，不必更交一言也。（见上注周作人先生著作，217页）

这虽然是小说倒可能真是可信的史料，特别是以钱之多少，决定角先生之大小，避免了买卖双方的尴尬，不失为今天经营此道者参考。

现在让我们回到本文开头提到的瓷祖。它编号T2（4）：27，施酱黄釉，通体长17厘米，根径5厘米，接近根部右侧有一直径0.8厘米的圆孔。中空，形态逼真，说是实用的"角先生"没有人会怀疑。但这埋在夯土中的角先生，是单纯仪式性的镇邪之物，还是把实用之物用作镇邪之用，却是不易明了。关于它的用法，中国古代的绘画有明确的展示。1997年斐卿书局出版的《春梦遗叶——中国的色情艺术》（英文本）一书中，收录了明代风格的绘画数幅，展示了把角先生绑到脚上、膝盖上、小腿上、腹部或用手握住自慰的各种方式，那些可以绑在身上的角先生，无不在根部钻有小孔，用于穿绳（180～181页）。如果说绘画带有某种幻想的成分，那么角先生实物的出土，则说明这些绘画所描写的场景基本上是真实可信的。

用角先生寻乐，在古代似乎是一个不争的事实。日本民俗学家南方熊楠在其《南方随笔》也说，日高郡龙神村传说，"有寡妇昼寝，晒麦院中，天忽雨，寡妇惊起，为小儿所见"云云（见上注周作人先生著作，216页），情节与佛经中所述故事相似，大概不必是传播的产物。

为什么要把角先生埋在夯土中用于辟邪？原来这是古人逻辑思维的产物，在他们那里，尽管使用角先生的行为不会让他们比现代人更感到多么难堪，但那毕竟是与污秽和不洁联系在一起的，而污秽正是镇鬼祛邪的法宝。比如中国近代的用寡妇祈雨，世界各民族给孩子取诸如粪堆、猪狗甚至流氓等等的名字，对庄稼说污秽的话等等，都不过是这种心理的反映。如此说来，那埋在夯土中的不洁的角先生，或者正是某人解欲的实用品吧。

2001年5月1日

石　灰

　　晋张华《博物志》有这样一则记述："烧白石作白灰，即讫，积著地，经日俱冷，遇雨及水浇，即便燃，烟焰起。"近代大史学家吕思勉先生因说："此事今人无不知之矣，然此书郑重而道之，以为戏术，可见其时知者尚少，更无论资以为用也。"（《吕思勉说史》，上海古籍出版社，2000年，203页）另一位史学家尚秉和也持相似的见解，说"此可证晋时石灰尚少，故以为异。"（尚秉和《历代社会风俗事物考》，母庚才、刘瑞玲点校，中国书店，2001年，162页）

　　过去一般认为石灰出现在汉代。《后汉书·杨璇传》："特制马车数十乘，以排囊盛石灰于车上，既与贼战，乃顺风鼓灰，贼不得视，遂败。"这是汉代用石灰的明确证据。但是，考古学发现却把石灰的烧制历史向前推进了二三千年。不仅商代的房基面有用白灰做的，更早一些的龙山文化甚至仰韶文化也广泛使用了白灰面。20世纪50年代有学者研究认为，白灰面的主要成分是碳酸钙（赵全嘏《新石器时代及商代人类住地的白灰面》，《考古通讯》1956年5期），是用料礓石即石灰质结核磨成碎面，然后加水调制而成，否认白灰面是人工烧制的石灰铺面（胡继高《白灰面究竟是用什么做成的》，《文物参考资料》1955年7期）。80年代中国社会科学院考古研究所的仇士华先生对山西夏县东下冯、河南安阳后岗和永城王油坊等龙山文化遗址的白灰面做了^{14}C年代测定，证明这些白灰面确实是人工烧制的白灰铺成。这表明龙山时代的人们已经相当普遍地烧制石灰并用于房屋建筑。后来还有人把此法用于甘肃秦安大地湾仰韶文化房屋地面的测试，也得出类似的结论。（李最雄《我国古代建筑史上的奇迹》，《考古》1985年8期）

^{14}C方法所应用的原理如下：天然石灰岩的主要成分是碳酸钙，而人工烧制的生石灰——氧化碳，加水变成了熟石灰——氢氧化钙，涂抹在墙上或地上以后吸收空气中的二氧化碳，最后的成分也变成碳酸钙。由于两者的成分相同，所以用化学方法很难判别白灰面是否由人工烧制的生石灰做成。但是因为人工烧制的石灰所吸收的是建筑时期空气中的二氧化碳，都含有放射性碳素即^{14}C，含量虽低，却可以探测。而天然石灰岩的形成非常古老，其中的碳一般不含^{14}C，即使以前有过，也已衰变尽了。因此如果将白灰面作为碳素断代的标本，从这个白灰面标本所含的^{14}C量能定出和遗址相当的年代，即说明这个白灰面确是当时烧制过的生石灰形成的，反之，则说明这个白灰面未曾经过烧制。（仇士华《人工烧制石灰始于何时》，《考古与文物》1980年3期）

石灰的悠久历史，正说明考古学研究的价值不仅仅在于证经补史。另外，我们利用文献一定要考虑文献本身的context，即文献的背景知识，否则就容易上文献的当。这里我们很难说张华的记载错了，但这仅仅是他个人的感受，很难归纳为一个时代的共识。

2001年2月15日

陶　灯

　　河南三门峡市博物馆陈列着一个仰韶时代的陶灯（图一），说是卢氏县祁家湾出土的。灯，红陶，浅盘，直口，盘下正中有一个直筒状中空的座（把），通高约15厘米，形似陶豆，这大概是它被推测为陶灯的原因。过去中国历史博物馆陈列过一个浙江吴兴邱城出土的史前陶盂，也被解释为陶灯具。就我所知，这是我国目前仅有的被标示为灯具的史前陶器。如果真是这样，中国的油灯至少已有五六千年的历史。

　　这说起来也不奇怪，因为据说欧洲在旧石器时代晚期已经发现石灯具。法国著名的拉斯科洞穴（Lascaux）和多尔多涅省拉牟特遗址（La Mouthe）出土的用石灰岩和砂岩做成的石灯（图二），一点都不比历史时期的类似灯具逊色

左：图一　河南卢氏县祁家湾出土的仰韶文化陶"灯"示意图
（2000年12月参观时素描）
右：图二　法国旧石器时代遗址出土的石灯具

（Jone Wymer 1982. *The Palaeolithic Age*，pp.255-257.Croom Helm London）。据说石灯使用的燃料，就是动物的脂肪。研究者认为洞窟内重叠的壁画形象和如今用手电比电灯更容易观察到这些形象的特征，恰好证明古人是手持石灯作画的。英国作家笛福的《鲁滨孙漂流记》，说小鲁滨孙独自漂流到荒无人烟的小岛后，学会用死兽的脂肪点灯。虽说是一种逻辑的推理，但以古人对动物的熟悉，用动物脂肪作燃料并使用相应的载体做成灯具，并非完全不可能。

奇怪的是中国古代对油灯的记载很晚，中国早期文献所记古代照明的情况，几无例外，都说的是用木柴或苇秆儿做成的"烛"，即火把或火炬。《礼记·少仪》："凡饮酒，为献主者，执烛抱燋。客作而辞，然后以授人。"注："未爇，曰燋，主人亲执烛敬宾，示不倦也。"疏："既欲留客，又取未爇之炬抱之者也。"所谓烛，就是燃着的干柴，而燋则是待续未燃的干柴。《毛诗·巷伯》传云："昔者颜叔子独处于室，邻之釐妇又独处于室。夜暴风雨至而室坏，妇人趋而至。颜叔子纳之而使执烛，放乎旦而蒸尽，缩屋而继之。"近人尚秉和先生按："蒸者，细薪也；缩，束也。言蒸尽，束屋上矛燃之。"（关于灯烛的历史，参见尚秉和《历代社会风俗事物考》卷十一，母庚才、刘瑞玲点校，中国书店，2001年）《诗经·小雅》云："夜如何其夜未央，庭燎之光。"《周官·司烜氏》"凡邦之大事，共坟烛庭燎。"《燕礼》"甸人执大烛于庭。"注："坟，大也。树于门内曰庭燎，于门外曰大烛，皆所以照众为明。""庭燎"疏云："庭燎所作，依慕容所为，以苇为中心，以布缠之，饴蜜灌之，若今蜡烛。"直到战国时代，才有了明确的以动物脂肪为燃料的油灯。《楚辞·招魂》"兰膏明烛，华镫错些。"《庄子》"山木自寇也，膏火自煎也。"有了油灯，"膏火自煎"，解放了人的手脚。所以尚秉和先生说："夫以唐虞三代数千年皆以薪束为烛，烟焰迷人，动生危险。又专人手执，乍易以膏，所患皆免，其快可知也。"（参见上注尚秉和书，168页）目前成批出土的油灯，以战国为最早（高丰、孙建君《中国灯具简史》，北京工艺美术出版社，1997年），说明它的广泛使用，当不会比这个时代更早。

中国史前时代的陶灯，不能遽然否定。但是，要确认它是陶灯，必要有许多旁证，比如同遗址中类似的发现不止一个，出土的位置在壁龛或火塘的周围，还有就是陶器内部的遗留物分析（residue analysis），发现动物的脂肪痕迹或者侥幸在陶器口部发现烟渍，如此等等，我们才敢说这种与后世灯具相似的史前陶器是陶灯。

2001年2月28日

瓷　枕

　　古代的瓷枕各色各样，不仅让一般老百姓看不明白，就是我们这些吃古代饭的人也有些纳闷：古代的人就那么喜欢睡在这硬邦邦冷冰冰的什物上？我有时甚至想，这些多数出土在墓葬中的枕头也许是给死者用的吧！宋沈括《梦溪笔谈》卷十九曾有这样一则记载："古法以牛革为矢服，卧则以为枕，取其中虚，俯地枕之，数里内有人马声则皆闻之，盖虚能纳声也。"（岳麓书社，侯真平校点，1988年）这至少说明古代的人也是喜欢睡在软枕上的。偶读近代地质学家丁文江的《漫游散记》，说他1911年5月从欧洲经越南回到云南，在中越交界的劳开地方下车过夜，夜里住在一座广东的酒楼上。"楼上有一间大房，房里有一张床，一张桌子，一把椅子。床上挂着白洋纱帐子，铺着一张席子，放着一个小磁枕头，比普通的客房好得多。"原来这房间是妓女接客用的。丁先生虽然在这住了一夜，但是"通夜没有能睡，不但谈唱的闹得厉害，而且不放蚊帐睡，蚊子太多，放了帐子，闷热得受不住，席子上又有臭汗味，枕头是又硬又方的。好容易挨到天亮，刚刚有点睡着，茶房已经来开早饭了。"（《游记二种》，陈子善编订，辽宁教育出版社，1998年，4页）这是丁先生游欧七年回国后第一次住中国客栈的经历。他显然已经受不了那"又硬又方"的瓷枕，但是看起来，一直到清朝末年，瓷枕还是被人广泛使用。文化在某种程度上说就是习惯，习惯的变迁如此之大，这真是大有兴味的问题。

(原载《读书》2001年7期)

古代文物的"勘探发掘"费用

宋沈括《梦溪笔谈》卷二十一记载过这样一件事情："洛中地内多宿藏。凡置第宅，未经掘者，例出'掘钱'。张文孝左丞始以数千缗买洛大第，价已定，又求'掘钱'甚多。文孝必欲得之，累增至千余缗方售，人皆以妄费。及营建庐舍，土中得一石匣不甚大，而刻镂精妙，皆为花鸟异形，顶有篆字二十余，书法古怪，无人能读。发匣，得黄金数百两，鬻之，金价正如买第之直，剟掘钱亦在其数，不差一钱。观其款识文画，皆非近古所有。数已前定，则虽欲无妄费，安可得也？"让人感兴趣的不是宅中所出黄金正抵了买宅地的价钱（这正是沈括把此事记在《异事》卷的原因），而在于买地的时候，必须把"掘钱"一同交纳。交纳"掘钱"的原因，是因为"洛中地内多宿藏"而又"未经掘者"，但实际上交了费并没有官方和私人的"考古队"来此勘探或发掘，只是增加了勘探和发掘的名目收费而已。这个"掘钱"看起来是卖宅地的人收了，至于最后是上缴国库，还是落入私人腰包，则不得而知。"掘钱"占宅费的比例同样也不得而知，否则真可以同我们现在的基建考古资费做一番比较。

（原载《读书》2001年6期）

民族考古学之我见

《中国文物报》1989年7月7日（第26期）和8月18日（第32期）分别刊登了丁一、徐明同志的《关于民族考古学的对话》和何驽同志《也谈"民族志考古学"的定义和方法》两篇文章。前者主要谈了民族考古学的性质、方法和产生的背景，后者则针对前者把民族志考古学认为是"考古学与民族学结合的产物，是在考古学研究中，融进民族学的理论和方法来研究考古学中的问题的一种方法"的看法进行了批评，提出民族考古学应该称为"民族志考古学"，并且认为"真正的民族志考古学家的工作，是以考古学的眼光和手段，直接接触甚至参与到被考察的特定的族群中去，观察、记录现在人在某些条件下，什么样的行为会留下什么样的物质遗存，得出这种规律性关系后，再据考古发掘出的遗存现象，反推当时人们可能性的行为。"这结论无疑是正确的，但我觉得问题并未澄清，因此在两篇文章的基础上，再谈点个人的看法。

（一）是民族考古学还是民族志考古学

民族考古学——ethnoarchaeology，的确是ethnography（民族志或人种志）而非ethnology（民族学或人种学）与archaeology（考古学）一词的结合。在《朗曼当代英语词典》中，对民族学或人种学的解释是"研究不同人种的科学"，对民族志或人种志的解释是"对不同人种的科学描述"，它本来是一门专门研究人类各种族体质差异的学科，后来由于受到当时对原始文化浓厚兴趣的影响，转而研究原始人类的文化，实际上已经变成了文化人类学。法国著名学者列维-斯特劳斯（Levi-Strauss）在《结构人类学》一书中曾对"民族志"和"民族学"做出如下的总结：前者主要是对那些与我们的社会差别极大的社会中选择出来的个别群体进行观察和分析，其目的在于尽可能忠实地记录各种不同人种之间的有关生活的形态模式；而后者则是为了比较各人种之间的差别的目的去利用民族志所提供的资料。很显然，前者是经验材料，后者是在此基础上做出的理论总结。这有点类似于史料的整理与历史研究的关系，但无论如何，民族志（或人种志）是包括在民族学或文化人类学中的，正如史料的整理属于历史研究的一个侧面一样，民族志也属于民族学或人类学研究的一部分。因此，依我看，ethnoarchaeology尽可以还称作"民族考古学"，而不必专门名之为"民族志考古学"。实际上民族志学者对所谓民族考古学家的研究方法和目的并不熟悉，对他们关注的问题也常常并不给予重视。

（二）民族考古学的产生是战后考古学进步的一个主要标志

在第二次世界大战以前的欧美考古学界，研究重点一直放在考古遗物和遗迹的地层学和年代学研究上。主要的方法是研究出土的陶器和铜器，目的在于确定文化在地域上的空间分布和年代上的早晚关系，即建立文化史的模式。这种模式很少注意到对经济、技术、聚落、社会组织等的重建工作，因此很难对文化为什么变化和如何变化的问题做出回答。二次大战后，一批年轻的考古学者（主要是美国）对这种现状进行了猛烈的抨击，他们试图在考古学发掘的基础上，对社会文化变化的原因做出解释。因此美国考古学家威利（Willey）和沙巴罗夫（Sabloff）把这一时期称为"解释时期"。但是，考古学研究的对象是一堆不会说话的静物，要复原它们所代表的那个社会的经济、生活方式、社会组织等等，必须辅之以其他的手段。这样，为了解决考古学的问题，到现代一些原始民族甚至现代民族中调查他们的生活方式、生产方式以及社会组织甚至意识形态的活动都成为客观需要。这种调查不同于19世纪安乐椅上的人类学家坐在屋里听传教士的道听途说，也不同于早期考古学家为了解决某个问题对民族志材料的简单援用，甚至也不同于民族志学者的系统描述。民族考古学是从考古学的目的出发的，它表现的是一种与上述研究方法不同的新的概念，反映了战后考古学在研究古代人类行为方面的一个巨大进步。20世纪60年代中期，"民族考古学"一词的创立，标志着这一考古学的分支学科或研究方法的诞生。

（三）民族考古学的目的

民族考古学的目的在于通过深入系统地研究当代人类行为的方法，针对考古学中不能解决的问题，有意识地建立起一系列民族志类比分析的假设模式，用以解释考古材料，最后达到由静态的考古材料重建古代社会的生产和生活方式，理解文化发展的过程。民族考古学之所以深入研究当代人类（主要是非工业民族），目的正在于考察这些民族的行为与其相关的物质文化残余（survival）之间的相互关系，然后把这些残余与考古发现的物质文化相比较，从而对造成后者的人类行为做出推断。美国民族考古学家克莱默（C. Krammer）曾经归纳出民族考古学可以充分发挥效用的几个方面：（1）有关土地使用模式、人口规模和分布、经济组织和社会政治组织等方面变化的聚落形态研究；（2）有关考古遗物的搜集、分析和解释；（3）对残余物形成过程的观察；（4）提供用于考古记录和分析中最合适的单位和标准。在上述几个方面，欧美考古学家的确已经做出很多的尝试。如克莱默本人就曾通过对当代伊朗中西部一座村落住宅建筑的考察，试图确认建筑特征的变化与家庭规模以及经济状态之间某些因果联系。她从研究中受到启发，反过来用于分析考古发掘中可复原的建筑遗存，达到重建村落组织的目的。宾福德（L. Binford）曾通过对因纽特人使用的工具和制作工具的技术因地理位置不同而不同的现象进行分析，对法国著名的克姆—格林那旧石器中期遗存的石器提出营地（base camp）和工地（work camp）两套工具传统的意见。

关于民族考古学者的工作范围，正如斯迪尔斯（Stiles）所说，包括获得和利用民族志资料两个方面。与一般的民族志调查不同，民族考古学还必须进行三个方面的工作，即类比分析、提出假设模式以及验证假设模式。因此，综上所述，民族考古学是项特殊的工作，是从考古遗物通向古代人类行为的一座桥梁。

（四）民族考古学的局限性

把考古发现的遗物遗迹与现代民族志材料进行类比分析

的基础是进化论。没有进化论，即不承认文化发展的连续性和不平衡性，那么就不可能在古代文化与现代民族文化之间建立起一种并行关系。但是，由于文化发展的多样性和不平衡性，要寻找已经失去的中间环节并非易事。即使我们通过对某些非工业民族的物质资料的生产、消费与废弃过程做出考察，即使我们对他们的社会组合、婚姻方式甚至意识形态进行分析，然后建立起一套模式，并对考古遗物及其所属的社会文化的各方面做出假设或解释，但却很难对假设或解释进行验证。因此，几乎所有的民族考古学家都非常注重历史上的那个社会和当代用以比较的社会在社会文化系统环境和技术方面的相似性，离开具体的环境进行所谓的类比分析，必将导致结构性的错误。

因此，在我看来，民族考古学的意义就在于通过对现代民族志的分析，为我们理解古代人类的行为，重建古代人类活生生的文化开辟了一条道路。虽然它还有待于不断地改进和完善，但前景是光明的。

（原载《中国文物报》1989年9月27日）

我看考古报告的编写

现在谈考古报告的编写，主要是因为大家对考古报告不满意。考古报告究竟应该怎么写好，似乎也没有现成的经验，所以才要大家讨论。这当然是一件好事，但是我担心很多想法并不能落实。例如，第一，考古报告是科学研究报告，它有自己的语言和叙述方式，不能要求它像小说一样引人入胜，如果这样要求它，那你肯定会永远失望。第二，不能希望在里面发现所有你想看到的东西，因为考古发掘虽是一件科学的工作，但是研究者本人的主观见解却是要时时渗透其中的，他不能想到的，当然也很难注意观察，更谈不上记录和发表。第三，考古报告只是一个笼统的说法，其实它的形式很大程度上取决于它所报告的内容，不能设想只有某种形式或某几种形式的报告才是好的，要求报告以某种格式写作本身就不合乎事物本身的内在逻辑。

我常常想，考古报告也是一种商品，编著者是生产者，编辑和出版社是商家，读者则是消费者。当然你可以说生产者生产什么，商家就卖什么，消费者就消费什么。不过考古报告毕竟同一般的商品不同，因为生产者同时就是消费者，消费者也同时就是生产者，他们的角色是经常调换的，连商家也是如此。但是，就像一个人总是看的报告比写的报告多一样，他首先是一个消费者，然后才是生产者。考古报告的写法，其实主要还是根据消费者的需要来定。大家目前对报告不满意，就是因为作为消费者的读者眼界开阔了，研究领域扩大了，研究深入了，所以要求报告能提供他所需要的材料，而与此同时考古报告还在以它巨大的惯性不断地以老面孔出现，其中的原因，就在于大部分的考古调查和发掘还在以巨大的惯性继续着长期以来的做法。有经验的人都知道，任何一点的创新，都要付出数倍于以前的人力、物力和财力，而这又是许多同行力不从心的。

现代考古学在我国发展的历史，不过七八十年，对所有史前文化和大部分古代物质文化的认识是在这个期间逐渐积累起来的。由于考古学首先面临的是时空问题，所以考古报告长期以来把焦点和注意力集中到以年代学为目的的器物的分类描述和排队、分期上。问题是，在时空框架解决之后，大量的报告如果仅仅是采用举例式的方式描述人们耳熟能详的材料，而没有能够提供额外的信息，那就很难满足研究者的需要。典型单位、典型器物的分期排队，对于理解文化的发展演化，确是其他方法不能替代的，但是对典型单位、典型器物本身的关注，无疑就会相对忽视非典型单位、非典型器物和非典型特征的描述和分析，何况所有典型的取舍，也还受人们认识程度的限制。

如果我们把考古调查、发掘和资料的整理、报告的编写当成一个程序，那么应该说报告的编写很大程度上受前几个环节的制约。很难设想一个粗放的调查和发掘，会使资料整理达到科学的要求，也很难设想一个粗放的调查、发掘和整理，会使报告的编写合乎科学的规范。报告的好坏在很大程度上与其说取决于报告的形式，毋宁说更取决于发掘和报告整理者的素质。一个好的发掘者，他会给自己提很多问题，从而在发掘期间就给予关注，在报告的整理中会体现这种关注，最后以表格、插图甚至文字的形式把某些非典型的单位也表述出来。例如，某灰坑的红、黑、灰陶的比例，作为举例在报告的文字里已得到描述，但是其他大量的灰坑情况并非如此，报告却没有给予任何表述；又例如，我们很注意陶器的复原工作，但是对于不能复原的大量陶片的特征，例如口径或底径的长度变化区间、陶片上某些测量的和非测量的装饰性的某些非分期性特征，却没有在报告中给予描述，假设研究者试图通过陶片研究陶器生产的方式，例如是家庭手工业还是某种形式的专业化生产，在目前的报告中就很难得到他所需要的大量资料。这种情况在目前的考古报告中广泛存在，其实只要注意得到，是可以通过表格的形式得以弥补的。

但是，考古报告无论如何仔细，从本质上说它都是一种简报的性质，因为它不可能把所有发现的现象都报道出来，即使排除形式的划分，不计资金的投入，把每一间房屋、每一座墓葬和每一件器物都作为一种现象报道出来，仍然有很多信息不得不省略掉，这是无可奈何的事情。所以最好的办法，是提高单位面积的发掘"产量"，也即在尽可能少的发掘面积里，提取尽可能多的信息，庶几才能满足消费者尽可能多的需求。至于报告形式，每一个生产者都可以有自己的发明。比如西方的某些考古报告，在出土动物骨骼的描述上，直接画一个该动物的图像，把出土那部分的骨骼涂黑，所以一目了然，根本不用琢磨动物骨骼的专用名词和它的解剖学位置。这当然是一个小例子，但给我们的启示却很多，那就是：只要有助于信息的提供，报告的编写可以采取许多新的个人化的形式。当然，这需要得到商家的许可。

（原载《中国文物报》2001年5月16日）

考古学解释的不确定性和解释过度

据说陈寅恪先生不搞上古史，是因为上古文献不足征。说起来，考古学是眼见为实的学科，来不得半点虚假，但是，在考古材料的解释方面，我们所面临的困难，比根据文献从事上古史研究的人一点都不少。如曰不信，请允我举例说明。

例一，在凉山彝族，在行成年礼（换裙子）之前，女孩子头上梳一独辫披于脑后，年龄较小的不梳辫而用红头绳系住，在独辫和红头绳之下，富裕人家的女孩可以顶单层或数层手帕，贫穷人家的女孩不顶手帕，耳边要佩戴海贝、狗牙、小红珠之类的饰物，如果没有饰物，可以用线表示。（杨怀英等《凉山彝族奴隶社会法律制度研究》，四川人民出版社，1994年，78页）

例二，据古印度《摩奴法典》记载，"仗势强奸少女者，应该立即处以断指，或者处罚款六百。"

前者给考古学的启示是，当我们考察遗址或墓葬出土物时，一定要尽量把这些出土物的背景，或曰context弄清楚；同时不能先入为主，以我们的价值观衡量古代，以为出海贝和小红珠之类的墓主人，一定就是富人，反之则不是。后者如果体现在考古学记录上，则必为很少数的人才有断指的现象，正与我们在中国史前遗址所看到的那样。可见断指并不一定都是为了悼念死去的亲人或者表示与死去的亲人脱离关系或者为了给死者献祭，因为上述解释，适用于一般人的生活，如此应该在考古记录里看到大量的断指现象才对。所以，如果不是考古发现或记录上的问题，断指当是某种特殊原因造成的现象，也许大部分情况下这种原因我们是无从知道的。就像如果没有《摩奴法典》的记载，我们差不多是永远无法知道古印度的断指是怎么回事一样。

另外一个问题，是解释的过度。比如讨论中国国家的起源是我们最近二十年来最热闹的话题。但是，究竟什么是国家，差不多每人都有自己的定义。很多人以为有了城就意味有了战争，而战争是为掠夺财富而来，所以必是私有制达到一定程度的结果；反过来，只有掌握财富和权力的人才能集中大量人力筑城，所以有城必有相当的权力集中。如此等等，中国国家的起源就顺理成章地推到了龙山时代。更有人以出土骨骸上的伤痕为战争的依据，把中国国家起源的时代推到仰韶文化或更早。这个争论似乎只是一个定义的问题，但是也可以视为解释的过度。因为国家起源是一个复杂的社会现象，它即便不能完全在物质文化上体现出来，也必定在考古记录上留下深刻的痕迹。比如我们如果按照美国考古学家华翰维（Henry Wright）的定义，国家可以视为"伴随着权力集中过程（centralized decision-making process）的文化发展"，其对内、对外的管理都是专业化的，简言之，国家体现为一个集权而又分层的政府，而政府的行为则是有专业分工的（Henry Wright 1977. Recent Research on the Origin of the State, *Annual Review of Anthropology*, Vol. 6, pp. 379-

397）。如此，我们只能认为二里头文化是一个国家水平的社会，因为它既有相当的权力集中，又有内部的专业分工和阶级分化。专业分工体现为用途不同的宫殿建筑群和各种各样的手工作坊；而集权和阶级分化则体现为二里头文化的向外扩张和墓葬的显著等级差别（刘莉、陈星灿《中国早期国家的形成——从二里头和二里岗时期的中心和边缘之间的关系谈起》，《古代文明》第1卷，文物出版社，2002年）。以这些标准衡量二里头以前的文化，大都没有达到国家水平，因为没有任何一个文化同时具备上述两个条件。因为单纯的城、权力集中、财富集中、战争和一定程度的等级分化，可以在国家以前的社会发生。民族学上的酋邦领袖也有一定的权力集中，但是他的管理不具备专业分工的条件，集权的水平实际上很低。

2001年2月22日

古代国家是怎么样的

关于国家的起源问题，是近代以来长期困扰学界的一个大问题。比如，最近西方学者拿世界其他地区的材料，对比研究中国早期国家的问题，有的提出商是"城市国家"，也有的提出商是"地域国家"或"乡村国家"。所谓城市国家，认为国家由世袭家族统治，领土狭小，只有几百平方千米的土地；一般说来，有三个等级的聚落结构，即首都、小型中心和村落；基于防卫的需要，首都通常设有围墙；人口的大多数包括农民居住在首都（在苏美尔这个比例高达80%）；手工业生产和技术相当发达，国内存在大量的商业活动；广种薄收；临近的城市国家经常为得到边境地区的农田和控制商路及其他资源而发生军事冲突。所谓地区国家，认为国家有一个单一的统治者，并通过各级地方行政长官和行政中心控制一个很大的地区；城市中心很小，并且往往几乎被行政长官、高级专业人士和他们的服务人员所占据，而农业劳动者则散居在村野里。地区国家似乎具有明显分离的两个层次的经济：一方面是农民自己业余加工他们所需要的本地材料的日用品，另一方面居住在城里的或者依附于王族的高级手工业者，常常利用外来的原材料为国王和上层阶级生产奢侈品。维持城市生存的食物几乎全部是通过从地方征收租税的方式获得。所谓乡村国家，是指被无数村庄包围起来的行政和宗教的王国，这些村庄分布在广阔而又同一的地区，基本上采用同样的方法、生产同样的谷物。在这样的社会中，社会下层由圆锥形氏族的底层组成，既保持了氏族支系的完整性，又没有以生产资料形式出现的私有财产。拿这样的标准衡量中国，不同学者因所关注的方面不同，得出不同的结论是可以理解的。对此，我们通过对最新考古材料的梳理，已经有一个正面的回答。（刘莉、陈星灿《中国早期国家的形成——从二里头和二里岗时期的中心和边缘之间的关系谈起》，《古代文明》第1卷，文物出版社，2002年）

其实无论哪种模式，都特别关注国家的范围或疆域，也非常重视统治者对该地区人民的统治方式。上述标准固然重要，但要从考古学上得到证实，如果没有文字的帮助，是很难一一落实的。考古学文化与王国的政治疆域不能等同，纳贡甚至贸易、再分配等等行为，又很难在考古研究上得到证实。凡此都使我们在归纳古代国家起源的模式时要加倍小心。

本文感兴趣的是，自古以来，人们就对早期的国家有种种的推测，有些显然是形而上学的，有些则可能是根据当时对异文化的观察和启发所致，后者当归入民族志观察的范畴。此略举数例。

《战国策·赵策三》："古者四海之内，分为万国。城虽大，无过三百丈，人虽众，无过三十家。"《史记·苏秦列传》："汤武之士，不过三千，车不过三百乘，卒不过一万人。"是说古代国家之小。《尚书·尧典》："协和万邦。"《左传·襄公七年》："禹会诸侯于涂山，执玉帛者万国。"《荀子·君道篇》："古有万国，今无数十矣。"是说古代国家之多。《汉书·贡禹传》："古者宫室有制，宫女不过九人，秣马不过八匹。"《说苑·善说》："齐宣王出猎于社山，父老十三人，相与劳王。王曰：'寡人今日来观，父老幸而劳之，故赐父老，田不租，赐父老，无徭役。'"徐梦莘《三朝北盟汇编》："民虽杀鸡，亦召其君而食之。"是说古代国家还没有形成后来繁缛的礼制，一切都还简朴（参见陈登原《古君国甚小》，《国史旧闻》第一册上，辽宁教育出版社，2000年）。类似的记载在二十四史的"四夷"列传和其他典籍中不绝于书，可以用作我们研究早期国家的参考资料。

要之，国家起源是一个渐变的过程，从考古学上研究这个过程，固然需要几个可以参照的标准，但是，标准本身并非绝对，何况各个地区也许还有不同的标准，是很难划线为准的。

2001年10月2日

域外见闻

骑马术与印欧语系的兴起

　　工业革命之前，马匹在长途运输和战争中起着不可替代的作用。历史上中国北方的所谓"蛮族"能够长驱直入中原腹地，靠的是马；而当年西班牙人能够征服中南美洲的阿兹特克和印加帝国，在很大程度上也是依赖马的奇功。但是，马是何时何地被人类驯化的？骑马术与印欧语系的关系又当如何？孔令平先生在1994年6月12日《中国文物报》发表的《马车的起源和进化》一文中，曾顺便提及马最早是在公元前4000年的白俄草原被用作牵引动力的。但是语焉不详，很难让国内读者了解这一情况。本文根据《科学美国人》（*Scientific American*）杂志1991年12期的一篇文章，简要地介绍一下这个重要发现。

　　大家知道，马的被驯服，关键在于勒马的嚼子（bit）的发明。嚼子夹在马的门齿和前臼齿之间的牙龈上，骑手通过手中的缰绳拉紧嚼子，压迫马的牙龈以迫使马匹就范。因此，要通过考古研究了解骑马术的发生，主要是发现马嚼子以及与此相关的遗物遗迹。一般认为，目前已知最早的骑马图像出现在公元前2000年，最古老的嚼子约在公元前1500年前，显然骑马术的起源应当在此之前。苏联的学者在乌克兰草原的斯里第尼·斯托克文化（Sredny Stog）发现了一些马骨，特别是在第聂伯河西岸离基辅250千米的德累夫卡（Dereivka）遗址中，还发现了与两条狗、陶器及近似马面颊片的鹿角合葬的一匹牡马。该马有七八岁，生活在公元前4000年前。美国学者安东尼（D. Anthony）和布朗（D. Brown）研究了该马的前臼齿，发现有使用嚼子的痕迹，牙尖表面，也都是金属嚼子造成的微小裂痕。他们的这一研究建立在实验分析的基础上。他们通过X光观察发现，马常常用舌头把嚼子顶到前臼齿，在齿的前端活动。他们比较了10匹带过金属嚼子的现代马和20匹没有用过嚼子的野马，发现前者的前臼齿前端磨斜了2～8毫米，高于野马的0～2毫米的磨斜率。在电子扫描显微镜下，还可以发现用过嚼子的前臼齿前端，牙齿有明显的珐琅质破损现象。根据这一发现，他们研究了19匹公元前2500年至前2000年前的出土于苏联、伊朗和法国遗址中的马前臼齿。在上述乌克兰草原公元前4000年前的牡马的两个前臼齿上，发现了3～4毫米的磨斜度，远高于现代野马的前臼齿磨斜率。同时，与该马同出的穿了洞的鹿角，也被认为是连接缰绳的马面颊片。因此，研究者认为很可能早在公元前4000年前的斯里第尼·斯托克铜器时代文化中，马即被人类驯服，变成为人们的坐骑了。

传统认为马的驯化与印欧语系的起源有密切关系，因为印欧语系的词根，包括马、家畜和马车的字眼，但却少见谷物的名称。很多研究者由此推测印欧语的祖先擅长畜牧，最初是从乌克兰草原迁移印欧各地的。但是，要征服欧亚大陆如此广大的地区，印欧语的祖先仅仅依靠驯服野马似乎不大可能成为文化上的优势。英国著名考古学家伦福儒（Renfrew）就极力反对此说，认为比较可能的原因是凭借农业的推广，才使印欧语言得以扩张。但是他的反驳并不能解释印欧语系中谷物名称罕见的现象。乌克兰草原骑马证据的发现，似乎化解了两种说法的矛盾，贯通了传统印欧语系起源的理论。因此，新的发现可能使研究者相信，印欧语言的扩张，大概建立在骑马术的出现、农业、畜牧业、冶金术以及马车的基础上。

(原载《中国文物报》1995年3月12日)

　　补记：这项考古发现的年代目前已经证明，大大晚于公元前4000年（根据牛津大学和基辅大学的碳素年代测定，德累夫卡的马死于公元前700～前200年间，属斯基泰时期，因此当为后期的遗存。参见David W. Anthony and Dorcas R. Brown, Eneolithic Horse Exploitation in the Eurasian Steppes: Diet, Ritual, and Riding in Late Prehistoric Exploitation of the Eurasian Steppe, Papers Presented for the Symposium to Be Held 12-16 Jan 2000, Vol. 1, pp. 1—11. The McDonald Institute for Archaeological Research, Cambridge），因此而来的推论也不再成立。但是我认为此项研究的方法仍能给予我们不少启示，故仍予收录。

毛利人来自中国

——DNA讲述的故事

 中国古代文化与环太平洋地区古代文化的亲缘关系，在考古学和文化人类学上有很多的证据。这一点前辈学者如李济、凌纯声和张光直先生有精辟的论述。生活在南北美洲、太平洋诸岛以及澳大利亚的土著民族，也往往把他们的根追溯到旧大陆的东部地区，人类学、考古学、神话学、语言学的证据说明这些地区土著民族的先祖，同中国古代居民有密切的关系。比如澳大利亚人类化石中比较纤细的一种，就被认为是从中国东部地区移居而来的。生活在太平洋岛屿上的许多土著民族，其神话传说也把他们的根追溯到了遥远的旧大陆东部，语言学的证据则直接指向中国东南部地区的台湾海峡两岸。

 生活在新西兰地区的土著民族毛利人，是以制作精美玉器而闻名世界的民族。他们生产的玉器，有不少可以与古代中国玉器相比美，对此李学勤先生有精辟的见解。毛利人是从哪里来的？这是新西兰和大洋洲考古的一个重要课题，语言学的证据指向中国台湾，最近公布的DNA研究结果，进一步证实了语言学的结论，引起世界学术界的关注。

 发表在《美国国家科学院汇志》（*Proceedings of the National Academy of Sciences*）1998年7月号上的这一研究结

果，引起了世界许多重要媒体的关注，很多刊物做了报道。这项研究，在如下两个关键问题上有突破性进展：一、毛利人移居新西兰是偶然的，还是有目的的？二、毛利人是从哪里来的？

根据毛利人的传说，他们的祖先1000多年前来自新西兰东北部3000千米的库克岛地区（Cook Islands），他们是在精心设计的有目的的旅行中发现这块荒无人烟的沃土的。但是这个传说的真实性却一直受到怀疑。试想一下，在漫无边际的大海里，即使现代的轮船，如果没有指南针，也是会迷失方向的。缺少现代航海技术的古代人类，移居太平洋诸岛的过程，最合理的想象当然是在海中随风漂流偶然发现陆地的结果。但是DNA的研究结果显示，偶然发现说，大概不符合历史事实。

最近的这项研究，是通过从54个毛利人的血液中和毛发中采取线粒体DNA完成的。线粒体DNA是人类的一种特殊基因，它只能通过女性遗传。基因内部的变化因偶然的变异（random mutation）而产生，这种变异据研究发生在50万年以前，通过研究这种变化可以重建人类进化树并确定人类的迁移模式。20世纪80年代开始的线粒体DNA研究，把人类的起源追溯至20万年前的非洲的一个老祖母，曾引起很大轰动，至今还在争论中。根据线粒体DNA的分析，研究人员发现，在现代人类最早出现的东非，图哈纳地区（Turhana）的人们，其基因有44个变异。但是当人类走出非洲，向亚洲、欧洲和太平洋地区扩散之后，基因的多样性（variety）逐渐减少了。在人类最晚占据的新西兰地区，毛利人的线粒体DNA变异只有4个，这样的变异也是整个玻利尼西亚比如库克岛地区居民所共有的。把线粒体DNA变异的个体数输入电脑作统计分析，基因学家保守地估计最初来到新西兰的妇女有50到100人。因为线粒体DNA只通过女性遗传，还不能测定最初到来的男性的数量。但是，仅就女性的人数，就不能用玻利尼西亚的渔民偶然漂流发现新西兰的说法来解释，因为不可能有承载100个妇女并且还是由女性驾驶的大渔船。由此看来，毛利人传说的有计划的发现大概反映了历史的真实。

其实早在20世纪70年代，新西兰的探险家已经成功地证明人类能够利用简陋的小渔船，在太阳和群星的指引下，横渡太平洋之间的岛屿。民族学的记录也显示，早期玻利尼西亚的岛民，能够不依赖任何现代航海技术，一叶孤舟，黑夜靠星星，白天靠海浪，来确定自己所在的位置，计算航海的时间、速度和方向。他们甚至能够根据海鸟的飞行方向、云彩的变化和海中的垃圾，确定50千米之外的岛屿。考古学家和玻利尼西亚的渔民合作，不久前运用现代的全球卫星定位系统，成功地证明了"即使做长距离的航行，古老的方法也是非常准确的"。不仅如此，考古学家在新西兰以北750千米的可马达克群岛（Kemadake Islands），发现了新西兰出产的火山岩；在新西兰东北800千米的诺傅克群岛（Norfolk Islands），还发现出产自可马达克的火山岩。这一切均说明玻利尼西亚人不止一次地来往于新西兰和太平洋诸岛之间，玻利尼西亚的芋头之类的根茎类作物和玻利尼西亚狗等家畜，也就因此被介绍到新西兰来了。

关于第二个问题，DNA的研究显示，玻利尼西亚人和5000年前居住在中国东部沿海和台湾地区的居民，有基因上的密切联系。这种联系再加上语言学上的证据，使研究太平洋诸岛基因移植的专家、澳大利亚国立大学的索金森（Sue Sorjeantson）教授相信，大约距今5000年前，从中国东部沿海包括台湾地区有一支面向太平洋地区的移民，当这支移民走到塔西提岛（Tahiti）北部的马尔奎沙斯（Marquesas）后，分成了两支。其中一支向北挺进夏威夷群岛，另一支则向南奔向新西兰。另一位来自维多利亚大学的生物学家切木伯斯（Geoffery Chambers），是一个旨在比较毛利人和其他亚太族群DNA的课题负责人，他根据还没有正式发表的研究成果指出，这条迁移之路上的现代居民确实有惊人的DNA方面的联系。

这项由莫思大学莫瑞·莫克托石（Rosalind Murray-McCintosh）领导的关于毛利人的DNA研究，对于我们从一个更广阔的空间理解、研究中国古代文化提供了充分的事实依据。如何理解龙山形成期（张光直先生语）中原文化的南扩？如何理解良渚文化的突然衰落？如何认识中国古代文化与环太平洋地区诸文化之间的亲缘关系？如何理解文化和环境之间的相互影响和作用？我国的考古学和古人类学研究正可以从这项研究中吸取有益的营养，为中国乃至环太平洋地区古代文化的探索做出新贡献。

（原载《文物天地》1999年6期）

洞穴艺术的生态学解释

用系统的观点研究和解释史前社会的文化现象是二战后欧美考古学的重大进步之一，而生态学方法是这种系统观点的具体表现形式。西方考古学家对欧洲旧石器时代晚期洞穴艺术的生态学解释，试图在猎人们的社会生活与他们所创造的艺术形式之间建立起一种联系，这种方法对我们尤其富有启发性。在众多的生态学解释中，我们发现最近由英国考古学家米申（S. J. Mithen）运用"适应"概念建构的一种理论最有说服力。因为它在艺术形式和人类生存的其他方面之间形成了尽可能多的联系，把考古记录中那些原本是互相分散的成分联结了起来，从而相当成功地解释了欧洲旧石器时代晚期洞穴艺术的成因。（参见米申《旧石器时代艺术的生态学解释》，《史前学会会刊》57卷，1期，1991年，103～114页。英文版）

与以往的解释不同，米申首先明确地把洞穴艺术的问题划分为想象力（imagery）和分布范围（distribution）两部分。所谓想象力就是过去史前学者一直关注的艺术形式问题，如为什么大多数的洞穴艺术形象是野牛和野马？为什么许多动物只画了一部分或形状上有所变形？所谓分布范围则是指艺术分布的空间和时间问题，如为什么旧石器晚期后段的艺术集中在西南欧洲一带？为什么某些主题局限于特定地区或局部区域？为什么这些艺术最早出现在旧石器时代晚期开始之时，而终止于末次冰期结束之时？米申认为，过去的生态学解释，或者忽略了分布范围，如狩猎巫术的解释就没有说明为什么这种狩猎巫术仅局限在旧石器时代的西南欧洲地区，或者忽略了艺术想象力问题，如20世纪80年代由约奇姆提出的生态学解释（参见约奇姆《欧洲更新世晚期的避难所》，索发编《旧大陆的更新世》，纽约，1987年，365～375页），虽然说明了洞穴艺术发生在西南欧地区这个问题，即注意到了分布范围，但如果洞穴壁画确如约氏所说是因人口压力而造成的标示捕食鲑鱼的领地仪式的话，那么壁画中为什么少见人与鲑鱼的形象呢？何况已有的考古发现证明，当时鲑鱼在人们的食谱中并不占据多少位置，而没能把两者联系起来加以考察。

那么，为什么洞穴艺术大量存在于西南欧洲的旧石器时代晚期呢？米申吸收了约奇姆及其他学者的观点，同样认为，大约在距今25000年前左右，气候变得最为恶劣，同时末次冰期也达到了它的最盛期，随着欧洲北部逐渐变为极地荒漠区，大量人口迁移到欧洲的西南地区，使这个地区成为人类及动植物生存的避难所。由于人口增加，大量的动物被猎食；而当狩猎活动一度衰落下来的时候，猎人们改变了以往的狩猎手段，从集体合作捕食大型猎物尤其是红鹿和驯鹿，变成个体或几个人追踪捕食单个猎物。米申认为，正是在这时，大量的洞穴壁画出现了。他认为，在两种狩猎方法转变的过程中，艺术有助于恢复那些已储存在人类头脑中的有关追踪大型哺乳类动物的信息，同时艺术也有助于人们操纵处理那些信息。在他看来，艺术正是通过向猎人们展示猎物的视觉形象而起作用的，这种形象有助于提高猎手们回忆起大量的储存在记忆中的有关信息。

为了证明自己的理论，米申引入了"适应"的概念。所谓"适应"，具体到旧石器时代晚期，就是指个体对于如何增加他们的生存机会和再生产能力而进行的行为选择。而旧石器时代艺术恰恰是追求社会经济策略的个体之间相互作用的必然结果。因为当狩猎产量特别低的时候，为了适应这种变化，人们自然就会改变狩猎方式，即从集体合作大量捕食猎物转变为个人或几个人追踪捕杀单个猎物。后者所需要的信息很不同于集体合作大量捕杀动物所需的信息，而艺术所起的作用恰好能满足追踪捕杀式的要求。

将洞穴艺术视为"恢复线索"的提法，构成了"信息收集"的主题。米申认为这种观点所以可能成立，是因为壁画中包含有许多明显和追踪捕杀单个动物有关的艺术形象（图一～图三）。如艺术形象中的蹄印可能表现了动物的存在、年龄、性别和活动方式；动物的粪便可能表明动物的存在、进食地点、年龄与性别，甚至健康状态；动物躺卧或翻滚的形象，大概表示动物存在的地点；重叠的透视画法或仅仅画出躯体的个别部分可能是表示动物的年龄、性别、脂肪和含肉量；鸟和大型哺乳类动物画在一起可能提供了和它们有关的其他种类动物的信息甚至季节的信息等等。这种"收集信息"的主题不仅解释了一种图画，而且成功地解释了大部分洞穴壁画的含义。在考古记录上把一些彼此不相连属的东西联系了起来。比如过去认为某些举起尾巴的动物图可能是描

图一　著名的阿尔塔米拉洞穴的"大壁画"

图二　利米依尔遗址壁画中的动物形象轮廓线多呈重叠状

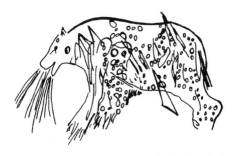

图三　莱斯·特洛亚·弗莱尔洞穴中喷血的熊的形象

绘了动物请求交配的形象，但有些举起尾巴的动物明显是雄性动物；然而如果把这种图像视为收集信息的标志，即视为排泄的表征，那么或许就表示了动物存在的状态及特点，如年龄、性别、进食地点及健康状态等等。同时，已有的研究表明，不同动物种类出现在艺术中的频率是和它们的含肉量相关的，这在相当程度上解释了艺术中动物种类出现频率互异的问题。

米申的这种解释所以新鲜，就是因为他向大家展示了怎样从原本是彼此孤立无关的艺术形式之间，获得了大量的多样性的联系。但是怎样解释艺术中动物形象和遗址中动物群种类在出现频率上的差异呢？因为大量的研究证明，在大多数的旧石器时代晚期遗址的壁画上，野牛与野马占有统治地位，而在实际化石动物群组合中，驯鹿和红鹿的遗存最多。米申认为这是因为当时经济的主要来源是红鹿和驯鹿；人口增加导致的大量捕杀动物的结果，是使像鹿一样的动物种类在化石动物群中占据优势；艺术则是和追踪捕杀那些对当时经济作用虽小却很有贡献的单个动物相关。这就成功地解释了上述在艺术中和在化石动物群中，动物种类出现的频率不一致的现象。

通过这种生态学方法，米申就把艺术的形式和化石动物群组合形式联系起来了，把艺术的想象力和分布范围联系起来了，在原本是孤立的考古记录中建立了大量的多样性的联系。用个体对旧石器时代晚期生态变化"适应"的概念，成功地解释了欧洲旧石器时代晚期洞穴艺术大量涌现的原因。这种解释模式没有触及艺术的发生学问题，当然也不可能解释所有的洞穴艺术形象，甚至也没有对这种文化现象单单发生在欧洲而不是亚洲或非洲的问题做出回答。然而，这些缺陷并不说明此种研究方法的无效，相反它是非常值得我们借鉴的。中国古代的众多文化现象，特别是艺术形象，有它自己的传统和特点，然而就研究的方法看来，仍然是怎样在艺术的形式与社会生活的其他形式之间建立起尽可能多的联系，并以此建立起一套评价某种解释的可行性的标准。

（原载《文物天地》1993年2期）

遗留物分析能告诉我们什么

　　考古发现的遗迹、遗物能够给我们提供很多古代人类生活的信息。对遗物进行遗留物的分析（residue analysis），是提取信息的主要手段之一，目前在国际上已得到广泛应用。以下介绍几个国外所做的遗留物分析的实例，供推广这项研究参考。

　　考古学家在伊拉克西北部的Barda Balka靠近河边的地方发现了一件石器。它没有任何特殊之处，根据类型学的分析，应是一件刮削器。因此考古学家推测，数万年以前这里可能生活着一个工匠。有一天，他捡起一块灰色的燧石，简单地打击了几下，做成一件石器，然后使用它切割了某种东西后，就把它随手扔掉了。但是用它切割过什么，用什么方式切割的，类型学的研究不能回答这些问题。考古学家对这件石器进行了显微观察和生物化学的分析，竟然在其上发现了血迹，在刃部的血迹里还发现了木质的纤维。据分析，血迹是人类留下的，木纤维则来自一棵松类树木。因此，考古学家推测，它是古人用来刮削一根木棍的，刮着刮着，一不小心，割破了手，手上的血留在了石器上，木头的纤维则因粘在血迹上而得以保留。这当然仅仅是推测，但它所提供的信息无疑较以往增加了。这个遗址没有发现人类的骨骼，但年代测定证明它可能是尼安德特人的。因此，通过对血迹中包含的DNA进行分析，还可能发现刮削器主人和我们现代人的基因联系，揭示使用者是"他"还是"她"。

研究显示，留在人工制品上的血的分子，可以保留上百万年的时间。不仅人类的血迹是这样，动物的血迹也是如此。在加拿大西部落基山脉的北端Toad River Canyon遗址发现了11件硅石质石刀。因为这里地近北极，又是酸性土壤，所以人骨没有保存。但是，靠着对这些石刀上的遗留物分析，发现了史前人的猎物包括绵羊和驯鹿。更为重要的是，在石器的表面发现了野牛的血迹和毛发。现在这个地区野牛已经绝迹，通常也不认为野牛是史前人的猎物。因为石器采集之后该遗址即遭破坏，对于遗址年代的测定，要用常规的碳素测定已不可能。但是，通过从一件石器上的血迹中提取的50微克（50万分之一克）碳所做的非常规的碳素测年，确定该遗址的年代是距今3000年。不仅如此，从石器上提取的血迹，还使研究者第一次从血迹里提取出动物的DNA。现代技术可以通过对DNA的分析，获得动物分类和进化关系的一系列信息。

除了血迹和纤维，还有许多物质可以在人工制品上保留下来，淀粉就是其中之一。位于太平洋西南部的所罗门北部群岛的Kilu洞穴，曾出土过2.7万年前的人工制品，通过遗留物分析，发现了淀粉颗粒和植物纤维，研究者认为，这是该地区最古老的食用根茎植物的记录。淀粉颗粒显示，这种植物就是在东南亚和太平洋地区广为分布的芋头（taro）。由此可见，虽然植物很难保存在考古遗址中，给我们了解原始人类的经济生活带来很多困难，但通过对人工制品遗留物的分析，我们仍能获得大量信息。

上述例子足以说明新的技术在考古学领域的应用，确实可以带给我们巨大的信息量，这是分类研究所不能做到的。目前我们在遗留物分析及其另一个与此相关的微痕分析方面所做的工作极少，对人工制品的研究基本上还停留在类型学的探索上。相应地，对出土人工制品的提取、保存和处理，除了个别的小件，还停留在类型学研究所要求的水平上。但是，许多珍贵的信息，可能就在我们习以为常地给遗物洗去泥污的过程中失去了。我们目前还不可能对所有的人工制品都进行遗留物的分析，实际上也无此必要，但某些关键问题的解决，确实十分需要这项新技术的投入。如石器功能的分析，能够在一定程度上回答原始人类经济生活的问题——石镰是否一定用于收割庄稼，收割的是什么植物？出土最原始水稻的遗址，收割的工具是什么？加工的工具又是什么？等等。通过对人工制品遗留物和使用痕迹的微痕分析，相信在这些方面一定会有新的收获，新的突破。

（原载《中国文物报》1998年10月11日）

尼安德特人是否已有宗教信仰

不管在什么时候，只要我们在考古遗存中发现不好解释的现象，往往都会把它归之于宗教，这一点中外皆然。我们从许多教科书中知道，人类最早的表现宗教信仰的考古遗迹，比较一致的看法，可以追溯到尼安德特人。但是，近年的研究显示，这些原先认定的宗教遗迹，有不少可能是靠不住的。

尼人是直立人之后、现代智人出现之前的一种远古人类。主要生活在欧洲和近东地区。关于尼人崇拜洞熊的说法，许多年前曾广为流行，但现在却受到严重的怀疑。这个假说基于这样的事实：许多发现尼人化石的洞穴，都曾发现大量的洞熊化石。新的研究认为，所有这些事实，都只说明早期人类可能偶尔访问过这些洞熊冬眠或者是死亡的地方。没有证据表明尼人曾经杀死过任何一头洞熊，同样，也没有证据说明尼人曾举行过任何的仪式活动。瑞士Drachenloch洞穴曾被报道发现过几个洞熊的头骨，安置在几块竖立的石板中间，这被认为是清楚的人类举行仪式活动的遗迹。但是，在不同时代发表的这处珍贵遗迹的两幅插图，互相矛盾，另外也没有照片发表；最近知道，发掘主持者当天根本就不在现场，所有的复原工作，都是根据当时参加发掘的一个没有经验的工人所述完成的。研究者认为，洞穴顶部的石板、石块，经常因风化等原因坠落在地面上，有时候可能刚好落在洞熊死去的地方，落下的石板恰恰又砸在地上形成了某种倾斜的角度，于是尼人曾对洞熊举行过某种崇拜仪式的假说就这样形成了。

另一个广为人知的尼人有某种宗教信仰的例子，来自于意大利的Monte Circeo的一个洞穴。这个发现据说表现了尼人食人的风俗，其动机则是宗教性的。据报道，有一具尼人的头骨，放置在洞穴里的一个石圈中。但是新的研究发现，在头骨搬动之前，没有留下任何照片。而发现者所画的线图，表现的却是一堆石头而不是所谓的石头圈；从线图上也看不出有人工有意摆放的迹象。尼人的头骨上没有发现石器砍砸的痕迹，却发现了可能是食肉动物啃咬留下的伤痕。研究者认为，鬣狗经常把动物的头骨带回到它们的洞穴里去。尼人头骨很可能就是这样被鬣狗带回洞穴，在一堆石头上大吃大嚼后留下的。尼人可能猎食同类，但那只是饥饿所致，并不会有宗教方面的原因。

尼人已有墓葬，这个说法由来已久。研究者认为虽然这个说法目前还难以全部否定，但其中的某些例子显然是可疑的。经常被考古学家引用的一个例子，是在乌兹别克的Teshik-Tash发现的、埋在一个由野山羊角围成的墓葬中的尼人男童。这是一个12岁的男童，只有部分骨头与几个野山羊角共存，没有墓坑，山羊角也没有摆成一个圆圈，因此研究者认为很可能还是鬣狗吞吃人和山羊留下的遗迹。另一个常常被用作插图的例子，是伊拉克Shanidar洞穴出土的"鲜花墓葬"。但是新的研究认为这个所谓的墓葬也很值得怀疑。

比如，这个墓葬也没有墓坑，死者是被一个巨大的从顶部坠落的石板所压死的。只有花粉分析表示这里曾有过仪式活动。通常我们所看到的死者身上撒满了鲜花的复原图，就是根据花粉的分析完成的。但是有的研究者认为这些花粉是风吹进去的，还有的研究者认为，是发掘工人的靴子带进去的。总之，由于洞穴堆积的复杂性，可以使鲜花的花粉通过多种渠道进入洞穴。因此，研究者认为所谓的"鲜花墓葬"，其实只是一个不幸的尼人男孩，在一个错误的时间，待在了一个错误的地方造成的。有的权威专家认为，尼人的"墓葬"分布模式，大多显示了与食肉动物的活动相关，因此持差不多完全否定的态度。

但有的研究者并不讳言，也有一些例子可能确实表现了尼人的墓葬。其中一个发现在法国的La Chapelle-aux-Sains，人的骨架发现在一个边缘陡直的坑穴里。虽然这个发现早在1908年就已经发表，但研究者认为，如果说那个发现尼人的坑穴是自然造成的，边缘未必太过规则。他否认洪水冲刷会形成这样的结果，而认为是人工挖掘形成的。另外一个尼人墓葬，发现在以色列的Kebara，它的墓坑很清楚，因此被认为是墓葬无疑。叙利亚的Dederiyeh洞穴，曾发现一个保存很好的尼人少年，尽管没有发现墓坑，但尸体保存的完整性，以及一块认为可能是有意放在胸前的燧石，也显示这可能是一个尼人的墓葬。

有了墓葬，是否就意味着尼人有了宗教信仰或者相信有死后的生活？这其实不是一个考古学的问题，而是宗教和哲学探讨的问题。但是研究者相信，对死者的简单处理，其实并不能和复杂的宗教信仰扯上关系。埋葬死者，也许只是不想让食肉动物蹂躏死者的尸体，也许表现了某种正在发生的社会关系的重要性。

如何看待这些新的研究？我们认为，对考古材料的认定是一回事，对考古材料的解释是另一回事，但遗憾的是，两者往往不能截然分开，且都受时代和研究者素养的制约。对以往考古解释的否定必然涉及对过去发掘的考古材料的否定。检讨过去的材料是正常的，也是必须的，但拿现在的眼界，很容易挑前人工作的毛病；要否定前人，不论是材料还是观点，都要慎之又慎，仅靠从前人的文献中找漏洞，往往并不能否定前人的工作。虽然考古发掘往往是不能重复的，但后来者仍然可以通过实地考察、模拟实验、与新的发现比较甚至新的发掘等等实际工作检验原来的工作。用这样的标准看，对尼人宗教信仰的新研究，只能说发现了不少的疑点，还不足以推翻原来的假说。把与远古人类化石共存的一切动物化石及其他遗存，都视为人类活动的结果，显然是错误的；埋藏学已经证明了许多自然的力量（包括动物和水、风等自然现象）能够造成看起来是与人类活动一样的结果，但把一切与人类共存的遗迹，都用自然力量解释，同样也有失偏颇。远古人类的活动，很难在考古记录里留下我们在晚近的人类遗迹中看到的人类行为模式——排列整齐的墓坑、坐落在房子中间的炉灶、长期生活留下的生活面等等，但这并不说明远古的人类没有过墓葬、炉灶或者生活面，只是我们需要特别注意去寻找罢了。对尼人宗教信仰的否定，确定是一个很值得欢迎的工作；但否定这项工作的出发点，很可

能还是受二十世纪七八十年代以来，怀疑远古人类具有较高
文化水平的考古思潮所引起。这是和怀疑北京人曾经用火或
者曾经狩猎的论点相呼应的，因此有许多先入为主的观点值
得我们认真加以注意。

（原载《中国文物报》1999年3月24日）

尼安德特人不再是人

尼安德特人是现代人的祖先还是已经灭绝的人类旁支？这个问题已经争论了好多年。

最近，德国慕尼黑和美国宾夕法尼亚的两个科学小组可能一劳永逸地解决了这个问题。他们声称，根据从1856年发现的一个尼人骨架上所取得的DNA分析，其结果支持尼人是3万年前灭绝的人类旁支的假说。英国自然历史博物馆的古生物学家克里斯·斯特里格，在1997年4期的《非洲考古评论》的"论坛"栏中，以《非洲和现代人类的起源》为题，对这个发现及其意义做了很好的评述。

尼人自150年前在欧洲发现以来，一直是史前史上最让人感到困惑的原始人类。我们现在知道，尼人至少在20万年前就已在欧洲生活，但是在看起来更现代的克罗马农人于3.5万年前出现以后不久，尼人就全部消失了。原因何在？尼人是否现代人的祖先？这些问题自发现之日起，就成为科学家争论的热点。

自1971年开始，克里斯·斯特里格详细测量和研究了欧洲出土的尼人骨骼化石，其结论显示，尼人与现代人差异太大，不可能是我们的祖先。但是，根据同样的材料，其他科学家则持相反的看法。他们认为，尼人或者是现代欧洲人的祖先或者至少与他们的克罗马农人祖先混血，因此尼人的基因一直在欧洲遗传。显然，根据骨骼测量的证据，不足以解决尼人是否灭绝的问题。

现在，科学家从第一个被发现的尼人骨骼的臂骨上提取线粒体的DNA，这种特殊的DNA被认为只能通过女性遗传。1987年，美国伯克利加州大学的三位科学家通过这种DNA的分析，把现代人类的根追溯到一个假设的女性祖先——大约20万年前的一个非洲"线粒体夏娃"。他们认为，人类的进化并不是从像尼人那样的原始人类而来。当这位夏娃的子孙10万年前走出非洲之后，尼人以及类似的生活在中国和东南亚的原始人类，就完全被他们所取代了。这个结论和克里斯·斯特里格的研究结果相吻合，但还是引起轩然大波。

如果我们相信这个结论，那么我们要问尼人在人类的进化史上究竟处于一个什么样的位置。关于古代DNA的研究，不论是取自恐龙、石化的叶子或者保存在琥珀中的昆虫，都存在这样或那样的问题。有的学者怀疑脆弱的DNA链条能否经过数万甚至上百万年的时间保存下来，还有的学者指出，从很易经过现代污染（实验室的环境甚至科学家手持化石或者DNA样品沾染的皮屑）的样品中分辨出真正的然而却又细微的古代DNA断片，真是谈何容易！但是最近这次德国和美国科学家的工作程序是经得起考验的，他们分别独立地复制出尼人的DNA，并且排除了近代特别是现代人类DNA的污染。

德美两国的科学家复原了尼人的1/40长的线粒体DNA链条，并且把他的基因密码模式和1000个来自世界各地的人类个体以及人类近亲的黑猩猩的基因密码相比较，结果显示，尼人的DNA靠近人类，但有显著的区别。不仅如此，尼人的基因模式同任何现代的人类基因模式都有同样显著的区别，不管后者是白种人、黄种人还是黑种人。因此，尼人同现代欧洲人的关系并不比其与非洲人、亚洲人或者澳洲人的关系更近。当然，这个结论不支持尼人和欧洲人关系密切，尼人全部或部分是欧洲人祖先的推论。科学家还利用尼人和现代人、黑猩猩之间的基因差异，推论出尼人的进化时间表。尽管被研究的尼人化石据测定只有5万年的时间，但尼人偏离现代人类进化树的时间估计早至60万年前。基因的开始转向早于人类体质的变异，但是这个年代远早于估计的现代人类线粒体DNA的开始转向时间，即15万～20万年前，说明尼人不可能是我们的祖先。

但是这只是从一个尼人化石得到的一个基因序列，它能确定尼人的命运吗？德美科学家小组谨慎地指出："尼人的DNA序列支持这样一个方案：现代人类起源于相当晚近的非洲，他们取代了尼人，并且和尼人没有或者仅有个别的混血。"但是他们也提到，其他基因研究可能会得出不同的结论。克里斯·斯特里格也认为，这种可能完全存在，因为线粒体DNA只通过女性遗传。因此，任何通过男性尼人遗传到现代人的基因都不会在线粒体DNA里留下记录。但是尽管如此，从体质人类学的角度看，尼人的特殊性表明，他只对现代人类产生了十分微小的影响。

克里斯·斯特里格认为，德美两国科学家的工作是对人类进化研究的巨大突破，其前景非常广阔。由于被研究的尼人化石是最晚的尼人化石之一，并且来自一个干冷的洞穴，或许其他的早期化石能够揭示出比此前更多的有关人类进化的秘密。

上述从生物科学得出的结论虽然十分诱人。但并不能全部解释目前发现的化石和文化方面存在的矛盾现象。比如我国发现的远古人类体质的连续性和文化的连续性，就很难用非洲智人取代说来说明，其他地区也存在类似的现象。究竟怎样评估线粒体DNA的研究结果，还要做出巨大的努力。

（原载《光明日报》1998年8月14日）

世界上最早的颅外科手术

据《考古学》杂志1997年9、10月号（Amelie A. Walker 1997. Neolithic Surgery，*Archaeology*，September/October）报道，考古学家在法国东北部Alsace地区Ensisheim的一座距今7000年的史前墓葬里，发现了世界上最早的颅骨外科手术的证据。这一发现是由Freiburg大学的Kurt W. Alt及其同事完成的。类似的发现，虽然在法国早有报道，但年代如此之早、证据如此确切的颅外科手术，这还是第一次。

所谓颅外科手术，是在头颅骨上穿孔或切开颅骨取下一块圆形、方形或长方形头骨片的复杂手术，这种手术在欧洲、西亚以及南美有较多的发现。但是，通常在考古遗址中发现的头骨穿孔，由于不能确定穿孔的时间，亦不能确定是否为生前有意识的手术行为，所以一般都把这种发现称为Trepanation（环钻），而不直接称之为颅外科手术。

此次发现的颅骨是一个50岁左右的男性个体，骨架保存良好。根据随葬的石镞、石锛形制，考古学家把这个墓葬定在公元前5100～前4900年，这一结果与根据骨骼所做的碳素年代测定相吻合。在死者的额骨和顶骨上，有两处手术的痕迹。额骨上的一处，约长6.1、宽5.8厘米，虽然还有凹陷，但已经基本愈合。顶骨上的一处，范围更大，约长9.5、宽9厘米，只有部分愈合，死者很可能就是因此而死亡的（见

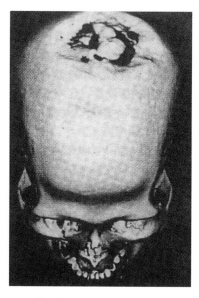

世界上最早的颅外科手术头颅

图）。根据分析，考古学家认为这种颅外科手术，很可能是采用石刀在头骨上先钻出一圈不相连属的小孔，最后切开各小孔之间的骨片，把术部的头骨片整体取出的办法。

　　世界各地史前人类在活人的头骨上钻孔，有不尽一致的目的，但大致不出医疗和巫术的范围，而且这两者往往是互为一体的。法国这个最早的开颅手术的目的何在，研究人员还没有得出一个肯定的结论。非洲迄今还有做类似手术的部落，比如肯尼亚西部的Kissii人，据说他们的手术有两个动机，其一是减少因头骨破裂带来的颅压；其二是治疗头疼、癫痫、脑部肿瘤和精神病等，据信是由巫术引起的疾病。这与我们在世界上其他地区看到的情况是一致的。但是法国出土的这例实施穿孔手术的头骨，颅内没有发现肿瘤或者其他疾病的病灶，手术的目的也许更可能是巫术所为。不过，从额骨上的穿孔看，这例颅外科手术是相当成功的，受术者是在手术后相当长的一段时间后才离开人世的。7000年前的原始人类，能够成功地进行这样复杂、在今天来说还是非常危险的手术，实在是一件令人称奇的事情。

（原载《文物天地》1999年1期）

史前的石刀刃有多锋利

提及史前，人们马上就会想起一群衣衫褴褛、食不果腹的"野蛮人"形象，经过近几十年来世界考古学家的发现和研究，我们知道这至少是不全面的（参见R. B. Lee和I. Devore编《人——狩猎者》，芝加哥，1968年。英文版）。不过即便如此，提及史前的石器，人们——包括大多数考古学家仍不免把它视为与现代社会格格不入的落伍之物，即使在理论上他们也承认现代文明就建造在这些不起眼的东西之上。然而，美国考古学家希茨（Sheets）教授，却用他的卓越实验，向我们展示了一个完全不同的世界。实验昭示我们，即使是拥有电脑和宇宙飞船的现代人，也仍可以从史前人或现存的简单社会中学到有价值的东西。（参见希茨著《肇始于新石器时代的眼外科手术》，载夏里亚等编《考古学：发现我们的过去》，美费尔德出版公司，1987年）

1969年，作为研究生的希茨在中美洲的圣萨尔瓦多发掘古玛雅人的遗址，同时对已经发掘出来的古代石器工具进行分类研究。这些石器主要是用黑曜石即火山玻璃做成的。希茨在进行形式学分类的同时，他还希望从新的角度对石器进行分析。在次年对石器制造场的发掘中，他注意观察石器制作的动态过程，包括程序和各种不同的制作技术。他还观察到古代玛雅人剥片过程中造成的失误以及如何纠正这种错误的方法，这给他了解和复原古代玛雅人的生活方式提供了新的材料。

1971年，希茨参加了由唐·克拉布炊主持的石器技术训练班，并学会了打制石器。他模拟古代玛雅人的石器制作技术（包括采用直接打击法剥离石片制作石器及采用压剥法从石核上剥取长而细的石叶），复制了很多石器工具。他的老师克拉布炊认为这些复制品是很好的外科手术工具，并建议他对此进行实验。然而由于种种原因，一直到1979年，希茨才有工夫坐下来研究把古代的黑曜石刀用作现代外科手术工具的可能性。

在此之前，克拉布炊进行了富有成效的实验。1975年他用黑曜石刀进行了两次胸外科手术，实验极其成功。外科医生因这种石刀刃极其锋利及便于伤口愈合而对其倍加赞赏。然而要证明黑曜石刀是否在外科手术上有更广泛的用途，首先需要解决的问题，是了解它的锋利程度，特别是它与现代钢制手术刀有什么不同。希茨把黑曜石刀刃、燧石刀刃、石英石刀刃、剃须刀片及外科手术刀片放在高倍扫描电子显微镜下观察，结果发现，最钝的是燧石刀刃，其次是石英石刀刃，它比燧石刀刃锋利9.5倍。钢制手术刀仅比石英石刀刃锋利1.5倍，而双面剃须刀片要比手术刀锋利2.1倍。最令人惊奇的是黑曜石刀刃，从它的厚度看，它比剃须刀片薄100至500倍，因此比现代的手术刀锋利210至1050倍。

1980年，经过希茨的努力，黑曜石刀刃首次被用于眼外科手术，手术非常成功。由于刀刃异常锋利，所以对眼肌几乎没有损伤，伤口愈合很快。更重要的是，在手术中因刀刃锋利对眼球没有造成太大影响，因而使眼球移动极慢，便于医生准确下刀。此后，这种刀刃又用于各种手术中，伤口愈合都很快，几乎没有留下伤疤，而且也大大减少了病人的痛苦。这些手术的成功，促使希茨和医生配合改进刀刃，以便把它运用到一般的整形外科及神经外科手术中。

他们做了一次有趣的比较，用黑曜石刀片和手术刀刃切割肌肉，然后在电镜下观察肌肉的割痕。前者的刀口干净整齐，而后者却像锯过一样，造成了肌肉的撕裂和位移。他们给黑曜石刀装上塑料把手，这样手术起来十分方便。然而由于这些石刀都是仿造古玛雅人的技术手工制作，同时受黑曜石石材的限制，每制作一把石刃，他们都必须精心设计，以便制成一定的大小及形状，因此要批量生产以应手术之急是不太可能的。于是，他们设计了一种金属模具，把熔化的玻璃水倒进模具，做成固定大小的石核，然后再剥片制成小刀（他们甚至还研制出专门剥离石叶的机器），这样小刀的批量生产就解决了。这种玻璃小刀，虽然比不上钻石刀刃锋利，但每把却只有几美元，可谓物美价廉。

希茨的实验或许有点特别，我们可能不期望从史前人那里学到什么直接有益于现代社会的东西；然而这个实验却有助于我们对古代技术的了解和认识：是不是史前人的许多技术相当富有价值而已经失传？许多让人眼花缭乱的出土工艺品（图一～图五）是否就是那些看似粗糙不堪的石刀制作出来的？以现代工业社会的标准为参照系评价古代的工艺技术到底有多大的把握？具体到中国史前社会，我们会问：像贾湖出土甲骨上的刻划符号以及红山、良渚甚至二里头出土玉

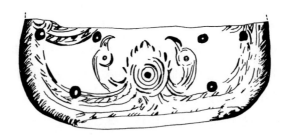

图一　河姆渡出土双鸟朝阳象牙雕刻蝶形器

图二　瑶山出土良渚文化玉三叉形器

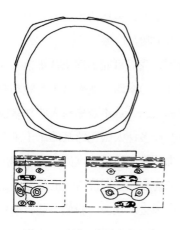

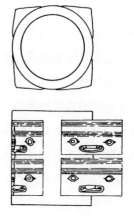

图三　反山出土良渚文化玉琮　　图四　瑶山出土良渚文化玉琮

图五　反山出土良渚文化玉冠饰

器上的纹饰是否都是用石刀刻划出来的？假如是，又是采用什么样的石刀和怎样下刀的？用石器加工出像河姆渡干栏住居那样高级的木结构需要多少时间？

（原载《文物天地》1993年4期）

从食物质量的变化研究农业起源

农业的起源问题长期以来都是考古学家和农史学家的重点研究课题之一。时至今日，有关农业起源的动力和契机仍是众说纷纭莫衷一是。论者多从史前考古学和生态学的角度入手，应该说，这是研究农业起源的必由之路。然而最近有人通过对印度东北部农业居民和采集狩猎者的饮食比较，提出有关由采集狩猎到农业变迁的模式，对于农业起源问题的研究也富于启发性。

这项调查是由印度的学者执行的（见P. G.切塔吉著《食物质量从采集狩猎到农业的变迁：民族志的重建》，载《印度——太平洋史前学会会刊》1990年1期）。他们在印度东北部的西孟加拉（West Bengal）、比哈尔（Bihar）和欧里沙（Orissa）等地，各选取一些农业村落和采集狩猎部落，就其饮食的营养成分进行分析。调查发现，农业居民的主要食物是水稻和小扁豆；采集狩猎者的食物类型多样，采集食物以Dioscorea薯蓣属植物和蘑菇为主。据说被调查地区有15种薯蓣，研究者把其中的9种薯蓣在晒干的基础上，就碳水化合物、蛋白质、脂肪、维生素和矿物质几个方面对其进行了含量测定。结果显示，因种类的差异，所含成分的质量也不一样，如碳水化合物的变化区间是68.5%～85.5%，蛋白质是8.3%～15.93%，脂肪是

0.56%～1.72%，而磷酸盐是从0.44%～0.58%。上述地区的野生蘑菇多达30种。其营养成分因种类不同也不一样，如碳水化合物的含量是从30%～90%，蛋白质从25%～40%（平均约34%），脂肪含量在1%～20%之间。此外蘑菇还含有多种维生素。

把薯蓣、蘑菇的营养成分与水稻和小扁豆的类似成分列表比较如下：

成　　分　＼　食物种类	蘑菇	薯蓣	水稻	小扁豆
碳水化合物	60.0	77.0	78.1	57.7
蛋白质	34.0	12.12	7.7	25.1
脂肪	5.0	1.14	1.8	0.7

发现它们的碳水化合物接近。然而蘑菇和薯蓣的蛋白质含量高达34.0%和12.12%，平均值为23.06%；水稻和小扁豆的蛋白质平均含量仅为16.4%，落后于前者很多。薯蓣和蘑菇的脂肪平均含量多达3.07%，而稻米和小扁豆仅有1.25%，也远远落后于前者。因此，通过食物质量对比，研究者认为"就营养价值来说，采集狩猎者的食物比农业居民要好"。研究者进而指出，史前农业所以取代采集狩猎经济，可能是因为"农业比较采集和狩猎是一种更稳定的经济方式"。尽管经历从狩猎采集到农业的变化，"食物质量变差了，因农业社会过着半定居和定居的生活，却能够以较小的能量投入，获得更多的食物"。

研究者没有得出更进一步的结论，也没有把这一发现同旧石器时代末期和全新世初期的气候变化、人口增加、文化进化等因素联系起来加以考察，但它的启发意义却是明显的。在我看来，此项研究虽然未必能够证明采集狩猎者的饮食要优于农业居民这一结论，但却提醒我们农业产生的部分因素确实可能是因为人口压力造成的。美国学者戴蒙德（Jared Diamond）认为农业的产生是人类历史上最大的失误。他指出农业的发生是"在限制人口和试图生产出更多的食物之间，我们被迫选择了后者"的结果。他的结论似乎在这里得到了印证。（《人类历史上最大的失误》，见《应用人类学》，1992年。英文版）

从民族志对比研究古代文化有悠久的历史。20世纪60年代以来，西方形成所谓的"民族考古学"或"活的考古学"，更强调通过对现代非西方文化的调查对比，达到解决考古学问题的目的。如1968年由李（R. B. Lee）和德沃尔（I. Devore）主编出版的《人——狩猎者》，收集了大量狩猎采集民族的材料，对于研究旧石器时代和中石器时代的问题具有理论和方法上的指导作用。特别是李等人对非洲布须曼人的狩猎采集生活的研究，对于了解旧石器时代的经济文化特征及农业的起源问题有开拓意义。次年由阿寇（Ucko）和地木布里贝（Dimbleby）主编出版的《动植物的驯化与利用》一书，从民族志分析入手，以很大篇幅讨论了从狩猎采集到农业转化的原因和方式问题。

用民族志的材料解释某种遗物或考古学上的某种文化现象，已被我国学者所熟知。通过上述分析，我们是否可以说在诸如农业起源、文字起源、文明起源等重大理论问题的研究上，也能从民族志的系统比较获得重要的启示呢！

（原载《文物天地》1993年5期）

世界第一农庄的确定和现代考古的科技含量

是不是考古发掘的面积越大，考古学家得到的信息就越多？在一定意义上说是的。但是信息的获得不仅仅是一个发掘面积的问题，不少学者已经认识到，在我们目前收集、分析资料的框架和水平上，发掘面积与所获信息之间，并没有一个理想的正比例关系。也就是说，许多遗址的发掘，只是遗址、遗物数量的简单增加，并没有提供多少新的信息。我们许多年前提出或注意到的问题，并没有得到解决，甚至更加令人迷惑。如何改变这种状况，下面的这个例子也许能够给我们若干的启示。

1971年，在叙利亚幼发拉底河流域东距阿列波市（Aleppo）120千米的阿布·胡儒亚（Abu Hureyra）发现了一个巨型的土墩，占地达12万平方米。这个土墩是古代人类长期居住的表征，从上到下，一层层用土坯垒成的房子的残垣断壁和生活的垃圾堆积在一起，形成一座无声的地下历史博物馆（Rowley-Conwy，P. 1993. Abu Hureyra: The World First Farmers. *People of the Stone Age: Hunters-Gatherers and Early Farmers.* Harper San Francisco）。研究表明，最早的遗址面积较小，可能代表了公元前18000至前9500年的前农业时代的最后阶段，其后的堆积则主要是公元前9000年至公元前7000年的堆积，代表了新石器时代的开始阶段。根据政府决定，这里在两年后要修建一座大型水库，眼前的遗址就要沉没在水底，满打满算，发掘的时间只有两年。对付这样一个重要的大型遗址，两年的时间够吗？在这种情况下，是争取挖掘更多的面积，还是提高单位挖掘面积的质量，尽可能在有限的发掘面积里获取更多的信息？主持发掘的考古学家安竺·摩尔（Andrew Moore）决定采取费时的现代采集技术，努力在发掘的质量上下功夫，而不再计较遗址发掘面积的多少。这一做法，事后证明是非常明智的。1973年的第二次发掘，尽管受到十月战争的干扰，但摩尔付出全部的努力，在遗址的不同地方挖掘了7条探沟，对所有的遗迹现象做了尽可能详细的记录和提取（Moore，A. T. M. and Hillman，G. C. 1992. The Pleistocene-Holocene Transition and Human Economy in Southwest Asia: the Impact of the Yonger Dryas，*American Antiquity*，Vol. 57，pp. 482-494）。结合后期的分析工作，使我们对从采集狩猎到早期农耕时期的人类生活，有一个深入的了解。这个挖掘面积很小的遗址，却赢得了世界第一农庄的美誉。

早期的房屋是很小的圆形半地穴状，代表狩猎采集者的驻地。遗址中有大量的动物骨骼出土。经鉴定，其中主要是瞪羚的骨骸，还有野牛和野绵羊、野驴的遗骨，但所占数量有限。根据瞪羚的骨骼和牙齿特征，考古学家发现，两个年龄段的瞪羚最多：一类是刚刚出生的幼羚;另一类是12个月上下的瞪羚个体，处于两者之间的瞪羚几乎没有发现。根据瞪羚在每年5月出生的特征，考古学家认为，这种特别的考古现象，只能用短期的狩猎来解释，狩猎的时间，大概就在每年的5月。每年的这个时候，瞪羚从远方迁移至此。猎人们也许采用围猎的办法，把猎物捕获，大吃一顿后，将剩余的肉，用盐腌成肉干，以备其他时候的需要。

如果说狩猎的季节只是5月，那么这里是不是猎人们季节性的居住地？通过对浮选出来的植物遗存的分析，植物考古学家葛登·希尔曼（Gordon Hillman）在早期遗址里至少发现了157种草本和木本植物，这些植物都是人类的食物。没有迹象表明这些植物经过人工的栽培，根据它们的生态特征，知道这些植物是在从春天到晚秋的各个不同季节被人们采集来的。很显然，原始的猎人们不只在狩猎瞪羚的5月居住于此，而是要长得多。植物的多样化，证实了这时的气候比较温湿，适宜人类及动植物的生长，这也是人类在采集狩猎经济基础上，能够相对定居的重要先决条件。

在原始人类的经济生活中，狩猎和采集谁占的比例更大？对人类骨骼的分析提供了重要的证据。分析发现当时人类的脚趾、踝骨和膝关节存在有非自然的骨骼变形。研究表明，这种现象，是人长期用膝盖跪在地上，用脚趾支撑地面所造成的。结合人肩部和上臂骨骼特别发达以及脊椎下部变形的情况，考古学家推测，人类经常从事跪在地上用两臂推动重物前后移动身体的活动。而这个活动就是用石磨盘加工食物，也就是把植物的颗粒用磨棒和磨盘加工成面粉的过程。遗址里出土的数量不少的石磨盘，也为这种推测提供了佐证。骨骼变形的普遍性，说明食物的采集可能比狩猎占有更重要的地位。

地层和年代学的研究证明，在公元前9500年前后，这里曾有几百年的空白，人类在这段时间神秘地失踪了。自公元前9000年开始，遗址进入一个新的阶段。面积扩大，文化层变厚。通过分析发现这时植物种类远较前一时期少，说明这时的气候比较干冷。但是出现了人工栽培的大麦、小麦、裸麦、豌豆以及其他几种植物。人类骨骼继续表现为与前期类似的变形，骨骼的变形体现在男女两性身上，说明男性与女性一样从事磨面的加工劳动。当时狩猎在人们的生活中仍占有重要的位置。瞪羚的骨骼占遗址出土骨骼的三分之二，并且仍旧主要是在5月被杀掉的。从公元前7500年开始，瞪羚的骨骼骤减，被绵羊和山羊的骨骼所取代。不仅如此，考古学家还发现，母山羊的年龄较大，公山羊的年龄均在两岁上下。这说明母山羊可能给人类提供奶汁，而公山羊则给人类提供肉食。骨骼的年龄鉴定说明它们不是狩猎的结果，而是人类驯养家畜的证明。根据这项研究，考古学家认为，在西亚地区，植物的培育可能早于动物的驯养，动物驯养的时间也不是划一的，最早的家养动物可能是山羊。另外，根据动植物的分析，表明该地区农业的出现，是在气候条件比较恶劣的情况下产生的，因而为世界性的农业起源提供了一个重要的参考依据。

本文提到的当然只是这项考古研究的一部分结论，但却为我们描绘了活生生的远古生活画面。它为我们提供了宝贵的借鉴：第一，可以在很小的发掘面积里，甚至可以在紧急的配合基建的考古发掘中，提取大量的古代人类生活信息；第二，考古发掘和研究（特别是史前时期）是一项多学科的合作项目，需要人类学、动物学、植物学、古生态环境、地质学等许多方面的专家参与；第三，随着考古学的发展，考古学中的现代科技含量越来越高，没有现代化的发掘、采集、记录和分析手段，古代人类生活的信息就会被大量破坏，带来无法弥补的损失。

考古是一门实证的科学，科学的结论需要有足够的事实为依据，而正是多学科的合作和现代科学技术的不断渗入，为考古学家得到尽可能多的事实依据提供了保证，并将考古学提高到一个新的高度。许多旧的结论正在不断地被改写，许多新的有更多依据的结论正在不断地出现，考古学发展到20世纪末期，差不多已经完全换了样子，这是我们应当正视的现实。我们昨天解决不了的问题，今天已经可以圆满地解决；我们今天认识不到的问题，明天肯定会有一个新的认识，这是我们应该珍惜我们的文物资源，充分保护它们、利用它们的重要原因之一。

（原载《文物天地》2000年3期）

民族考古

中国古代的剥头皮风俗及其他

1982年，严文明先生发表了《涧沟的头盖杯和剥头皮风俗》一文，详细介绍了1957年北京大学考古实习队和河北省文化局文物工作队在河北邯郸涧沟龙山文化灰坑发现的6例留有经过斧子砍砸和刀子切割痕迹的头盖骨，并且敏锐地将它们与古代历史上流行的头盖杯和剥头皮风俗联系起来，做了很好的阐发（严文明《涧沟的头盖杯和剥头皮风俗》，《考古与文物》1982年2期。涧沟发掘简报刊于《考古》1959年10期，原文说是"在房内发现人头骨4具"，后经严文明先生核对，证明是6具，分别发现在两个半地穴的窝棚里）。1998年，该文收入严文明先生所著《史前考古论集》（科学出版社，1998年），配发了清晰的T39（6B）：3，T39（6B）：2，H13：7等三个头盖骨的五幅照片，使我们有可能详细地观察这些头盖骨上斧砍刀切的痕迹。

欧亚大陆历史上流行头盖杯和剥头皮风俗的主要是北方草原的游牧民族。涧沟的材料问世之后，头盖杯的遗迹在郑州商城东北部商代壕沟中有更集中、更大量的发现（参见河南省博物馆《郑州商城遗址内发现商代夯土台基和奴隶头骨》，《文物》1974年9期），说明此风也在古代华夏文化区的腹地有悠久的传统。事实上，一直到战国甚至更晚的历史时期，将敌人首级砍下作为饮器或溺器的故事不绝于书（三晋分智氏后，赵襄子最恨智伯，把他的头做成饮器。这个著名的故事在《战国策·赵策》《淮南子·道应训》《史记·刺客列传》等书中都有记载。《韩非子·喻老篇》等书把"饮器"记载为"溲器""溲杯"，以为溺器。《三国志·魏书·司马睿传》记载，孙恩剖骠骑长史王平之棺，焚其尸，"以其头为秽器"。又《晋书·徐嵩传》说，姚方成捉住徐嵩后，因怒其不服，遂"三斩嵩，漆其头为便器"），其实质则一，似乎也不是北方草原游牧民族风俗的影响所致。唯有剥头皮风俗，中国古代罕有记载（《后汉书·南匈奴传》章和元年条记载："鲜卑入左地击北匈奴，大破之，斩优留单于，取其匈奴皮而还。"日本学者内田吟风博士把"匈奴皮"解释为一种动物的皮革，认为这种动物是用匈奴族名命名的动物图腾。江上波夫则比较肯定地指出，"匈奴皮"只能是匈奴人的"头皮"，认为此条记载反映在鲜卑族中存在剥头皮风俗。参见江上波夫《欧亚大陆的剥头皮习俗》，蔡葵译自山川出版社1967年出版的《亚洲文化史研究》，载云南省博物馆、中国古代铜鼓研究会《民族考古译文集》1985年1期）；考古上的发现，也只有1990年岁末河南省焦作市文物工作队在武陟县大司马遗址二里头文化灰坑发掘的两例（杨贵金、张立东、毋建庄《河南武陟大司马遗址调查简报》，《考古》1994年4期；杨贵金、张立东《武陟大司马遗址的剥头皮遗痕及其意义》，《中国文物报》1995年8月27日第3版；杨贵金《大司马遗址保护发掘追记》，

《文物天地》1998年4期）。它一方面为我们比较两者之间的异同提供了可能，另一方面也为估价剥头皮风俗这一考古发现的意义准备了条件，其意义重大，不容小觑。

大司马遗址是一个集龙山文化、二里头文化、商文化连续堆积的重要遗址，位于黄河北岸的青峰岭余脉上，向南5千米即为奔流东去的黄河，向北5千米则是发源于太行山的沁水。青峰岭上分布着较密集的古代遗址，自20世纪80年代以来，续有学者到此调查，发现了不少重要的文化现象（北京大学考古专业商周组等《晋豫鄂三省考古调查简报》，《文物》1982年7期；中国社会科学院考古研究所河南一队、焦作市文物工作队《河南焦作地区的考古调查》，《考古》1996年11期；陈星灿、傅宪国《史前时期的头骨穿孔现象研究》，《考古》1996年11期）。剥头皮的材料发现在二里头文化晚期灰坑中，灰坑编号90WDH14。该灰坑发现时，其上部已遭破坏。现存坑口为不规则形，东西长4.28、南北3.5米。坑内西部深，东部浅，最深1.32米。坑中埋有四具人骨架，其中1、2、3号出土于现存坑口，大致在一个平面上；4号在1号身下的灰坑底部，四具骨架均扭曲，被认为是打死后扔在灰坑中的。（图一）

大司马的材料，经人类学家潘其凤先生鉴定，90WDH14（1）号人骨，男性，年龄在20～22岁左右，头骨从前额后部通过顶结节下至枕骨上项线有一周不规则切割痕；右顶骨前部有钝器击伤痕，似为连续受击两次形成的外骨板凹陷性骨折。90WDH14（2）号人骨，男性，年龄在40岁上下，额顶附近，左右顶骨、枕骨有不规则切割痕迹，切

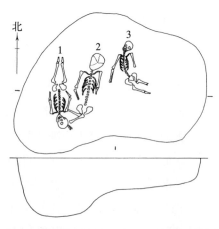

图一　大司马遗址H14平、剖面图（采自杨贵金等文，1994）

割痕迹断断续续呈虚线形，较1号头骨略浅。潘先生正确地将两例头骨上的切割现象都判断为"剥头皮痕迹"。另外两例，90WDH14（3）为男性，年龄在22～24岁左右，埋在坑底的90WDH14（4）为年龄在20～23岁上下的女性，因两者头骨皆无刀割痕迹，故在此不予讨论。（参见潘其风《河南武陟大司马遗址出土人骨》，《文物》1999年11期）

　　根据我们的观察（承焦作市文物工作队及杨贵金、罗火金先生慨允，我们详细观察记录了这批材料），1号头骨上的切割痕迹比较明显，特别是前额部分的痕迹，两端深，中间浅，前后至少有四至五道大致平行的划痕，根据深浅的不同，显示可能是用右手持刀沿顺时针方向切割的，并且有来回锯切的现象（图二）。顶骨上的切痕呈间断的短线形，切口呈楔形，一般前端深而宽，后端浅而狭，大约0.5～1.5厘米长短，短线呈略为平行的数条，显示切割的刀刃不很锋

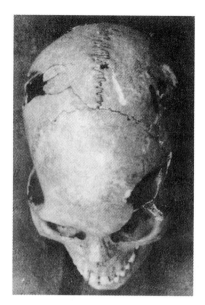

图二　大司马遗址1号头骨额骨上的切割痕迹

利，以至要切破头皮必须数次切入，并且还要来回拉动才能
奏效。枕骨上的刀痕最深，也呈大致平行的数条，右端的
切口深，其中一条延续较长，显示用力最多（图三）。2号
头骨上的切割痕迹不如1号头骨上的明显，切割的痕迹更零
碎，比较容易用肉眼观察的是枕骨上的切割痕迹，呈不连续
的大致平行的数道短线，切口右下深，左上浅，一般也是
0.5～1.5厘米，显示出与1号头骨大致相同的切割方法，即用
右手操刀沿顺时针方向切割。（图四）

　　大司马头骨上的切割痕迹，与涧沟的剥头皮痕迹，有
许多相同和不同之处。按照严文明先生的描述，涧沟T39
（6B）：2号头骨，在头盖骨的正中部位，从额部经头顶直

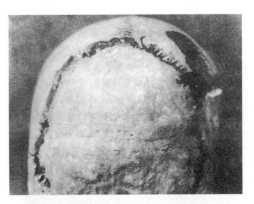

图三　大司马遗址1号头骨枕骨上的切割痕迹

图四　大司马遗址2号头骨枕骨上的切割痕迹

至枕部有一道很直的刀割痕迹，较浅而宽，并有来回错动的现象。编号T39（6B）：3头骨，顶骨中央从前到后有大量来回错动的细刀痕，其中有两条一直延伸到额部，向后隔了一段，到枕骨上方又有同方向的刀痕十条。编号T39（6B）：9头骨，仅剩下头骨左侧一块，"上方有一条斧子痕迹，左方（即前方）有六条斧子痕迹，均宽而浅，长5～15毫米不等。右方（即后方）有密集的刀割痕迹十余道，很细很短，长仅5毫米"。也被认为是一种割头皮的痕迹。这三个头骨据鉴定都是女性。另外三个在H13出土的头骨，皆无上述例一、二所见到的从顶骨正中切割的现象，而头骨鉴定都为男性。因此，严文明先生谨慎地指出，"从剥头皮的痕迹来看，只有在女性头盖骨上看得清楚，男性的则没有。或者说一个窝棚中的头盖有，另一个窝棚中的没有。这里存在着两种可能性。一种可能性是只有女子才剥头皮，男子的不剥，仅仅做成头盖杯。另一种可能性是两性的剥头皮方式不同：女性把头皮从中切开，向两边剥；男性把头盖砍下后，揪着头皮整个儿地剥下来，因而可以不留下任何刀痕。"（参见严文明《史前考古论集》，科学出版社，1998年，334～335页）鉴于很难辨别出H13出土的男性头盖骨是否剥皮，我们这里只比较前三例带有明显切割头皮痕迹的头盖骨。

比较两地的剥头皮现象，有几点是值得注意：

1. 两地的剥头皮者年龄性别不同，大司马的是男性，有年龄偏大的壮年，也有青年；涧沟的均为青年的女性个体。

2. 两地的剥头皮者剥皮的方式不同，大司马的是从额骨经左右顶骨到枕骨的环切，而涧沟的则是从额骨经顶骨再到枕骨的自前而后的直切。

3. 两地剥头皮者的存在形式不同，大司马的是整个头部，而涧沟的则仅为头盖骨。前者相当于后者从眉弓经颞骨到枕骨的一圈，并不存在一个用斧劈砍旨在获取头盖骨的痕迹，说明目的只在剥去头皮，与头盖杯风俗无涉。

4. 两地剥头皮者的手段略同，都有来回错动的细刀痕，但是，大司马的切痕细且不很规则，多呈平行线状，涧沟的T39（6B）：2头骨上的切痕长且较宽，虽有来回拉动的痕迹，但基本上是在同一条直线上，显示两者的受力程度和刀具的锋利程度不同。

剥头皮风俗广见于欧亚大陆的北部和美洲印第安人的文化中，其中又以后哥伦布时代的北美洲古代文化最为流行。关于这种风俗的记载，自20世纪以来不绝于书，考古和人类学的相关文献数以百计，蔚为大观。综观这些文献，人类学家给剥头皮所下的定义是比较严格的。在解剖学上，剥头皮是指用利刃在耳上或者耳下环切头皮的一种行为，利刃首先切过头皮，然后再穿过帽状腱膜（galea）和骨膜（periosteum），直接切在头骨上，头皮因此很容易地被人从不再被骨膜覆盖的头骨上脱离下来，根据环切的上下幅度不同，取下的头皮而因此呈现不同的大小（H. Hamperl 1967. The Osteological Consequences of Scalping. Compiled and Edited by Don Brothwell, *Diseases in Antiquity*, pp. 630-634. Charles C. Thomas Publisher, Spring, Illinois, USA）。美洲印第安文化的研究者特别强调，并不是所有留下伤痕的头骨都是剥头皮所致，只有那些在头盖骨上特别是围绕头顶留有一圈切痕的才可能解释为剥头皮的行为（G. Friederici 1906. *Skalpieren und ahnliche Kriegsgebrauche in Amerika.* Inaug. Diss. Univ. Leipzig, Braunschweig. D. W. Owsley and H. E. Berryman 1975. Ethnographic and Archaeological Evidence of Scalping in the Southeastern United States, *Tennessee*

Archaeology, Vol. XXXI, No. 1, pp.41-58. G. Nadeau 1944. Indian Scalping Technique in Different Tribes, *Ciba Symposia*, Vol.5, pp. 1676-1681. 由于受欧洲各国殖民者的鼓励，美洲印第安人的剥头皮风俗在后哥伦布时代有非常大的变化。在形态上，原来只从一个人头上剥下一块头皮来，后来因为火器的使用不易分辨出射击者是谁，而变成取下多块头皮来；同时，为了取得殖民者的奖赏，印第安人还把从一个个体上取下的一块头皮分成许多块，也与原来的行为迥异。参见上注书）。在此意义上说，涧沟头骨正中的刀切痕迹，也许并不是典型意义上的剥头皮风俗的遗迹，或者只是制作头盖杯的一种特殊的辅助行为为使然，但是，那刀切的人工性质是无可怀疑的。（希罗多德笔下的伊塞顿人Issedonians有如下风俗：父死杀羊献神，而后食混在一起的死者的肉和羊肉；把死者的头皮剥光，擦净后镀金作为圣物，每年都要对之举行盛大的祭典。这虽然是对亲属头骨的处理方法，但也说明剥头皮是制作头壳杯或别的头颅圣器的一个必不可少的程序。因此，以制作头 杯为目的的剥头皮，也可能在头骨上留下痕迹。参见王以铸译希罗多德《历史》卷四，商务印书馆，1997年，275页）

关于剥头皮的问题，国外的学者曾做过实验，目的在于观察分析：（1）不同的刀具在头骨上会留下什么样的痕迹；（2）在活体和死者的头骨上剥皮，会表现出什么样的差别。关于前者，研究者分别用古代印第安人习用的石镞和现代医学专门用于尸体解剖的钢刀切割死者的头皮，因为石镞较钝，要用力按住石镞前后划动数次，才能把头皮切开。

这样的拉动，往往会在头骨表面留下数道不规则的平行划线（图五），而现代手术刀做同样的事情，则不会在头骨表面留下任何痕迹。大司马和涧沟头骨上的切痕，表现出与切割实验同样的特征，这至少说明，两地的切割痕迹——正如严文明先生对涧沟头骨刀痕的分析一样，都是由不太锋利的石器完成的。类似的剥头皮痕迹，在美洲的土著文化中累有发现（图六）（G. Neumann 1940. Evidence for the Antiquity of Scalping from Central Illinois, *American Antiquity*, Vol. 5, p. 287. L. E. Hoyme and M. Bass 1962. Human Skeletal Remains from the Tollifero [Ha6] and Clarksville [Mc14] Sites, John H. Kerr Reservoir, Basin, Virginia, *Bureau of American Ethnology Bull*, Vol. 182, pp. 329-400. 民族学的调查显示，印第安人通常使用锋利的苇秆儿做成的苇刀以及石刀、蚌刀剥头皮，欧洲人到来之后，他们又使用了更加锋利的钢刀。参见上注 Neumann 1940 及 Owsley and Berryman 1975）。

剥头皮的风俗一般认为是在死者的头骨上实施，但是也有研究表明，这样的事情也可能发生在活人身上并且事后得以康复（参见上注 H. Hamperl 1967, pp. 630-634）。研究表明，如果给活人剥头皮后该人立即死亡，那么在剥皮的地方会留下同在死者头骨上一样的痕迹；如果该人没有立即死亡，而是又存活了一段时间，则会在剥皮的地方留下显著不同的痕迹。因为当头骨的骨膜被切开之后，头骨表面干燥，导致头骨本身马上坏死（图七，a）。然后，因炎症引起的颗粒状的组织将死骨与生骨分离（图七，b）。再后，死骨脱落，只有头骨最里层的部分保留下来（图七，c）；

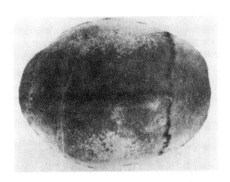

图五　采用印第安人石镞在现代一59岁男子头骨上做剥皮实验留下的数道平行的锯切痕迹（采自Hamperl 1967）

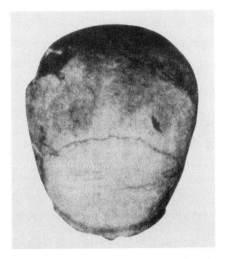

图六　美洲发现的古代剥头皮头骨，额骨上留下数道平行的锯切痕迹（采自Neumann，1940）

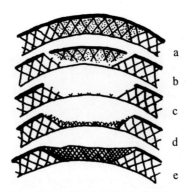

图七　剥头皮后依旧存活个体的头皮变化
过程示意（据Hamperl 1967）

最后在此基础上长出新骨（图七，d），新骨呈海绵状，表面被一层薄薄的护层覆盖，但较周围的头骨低凹（图七，e）（参见上注H. Hamperl 1967, pp.630-634）。这样的剥头皮而后存活的例子在考古上也有发现（参见上注H. Hamperl 1967, pp.630-634）。但是，很容易把它们与用于治疗或者病理形成的痕迹混淆起来（Ch. E. Snow 1941. *Anthropological Studies at Moundville, Part 2： Possible Evidence of Scalping at Moundville,* Paper 15, pp.55-57. Alabama Mus. Nat. Hist. Museum）。按这样的要求检查大司马和涧沟的材料，两地头骨都不见炎症和长出新骨的痕迹，很显然，基本可以断定，两者都是死后再切割头皮的。大司马的1号头骨上，有"8"字形的打击痕迹，造成外骨板凹陷形骨折，此人很可能因此而死。如是，则剥头皮是在死后完成的，或者至少是剥皮完成后此人没有再活下来。涧沟头骨上的切痕，如果是头盖杯风俗的一部分，很可能是砍死后再切割头皮留下来的。根据大司马1号头骨上的切割痕迹，此人的头皮很可能是在此人被打倒躺下后，猎皮者蹲跪在死者的头前，一手抓住死者的头发，一手持石刀沿顺时针方向砍剥死者的头皮而剥离下来的。死者额前和后枕部位的切痕明显，说明这些地方大概是剥皮的起始点和终结点，这些特征与美洲发现的许多剥头皮头骨上的切割痕迹是相一致的。（一般的切割痕迹都是额骨上的深而明显，左右顶骨、颞骨上的痕迹浅且不明显，所以美洲的考古学家研究认为一般的剥头皮是在额骨上开始的。大司马两例头骨枕骨上的切割痕迹均较额骨上的还要明显，很可能是切开额部、顶部后，翻过死者躯体开始切割另一面或者最后切掉头皮时所致。美洲的情况参见上注Owsley and Berryman 1975）

　　考古上所见古代的剥头皮风俗，欧亚大陆发现较少，就作者目前所知除上述中国腹地的两个地方之外，再就是苏联考古学家20世纪40年代在阿尔泰巴泽雷克二号冢发现的一例，年代是公元前3至前2世纪（K. Jettmar 1951. The Altai before the Turks, *Bulletin of the Museum of Far Eastern Antiquities*, No. 23, pp. 135-233.此墓的年代还有争论。介绍参见上注严文明文。此外可能还有零星发现，参见G. Nadeau 1944所绘剥头皮风俗的分布图）。文献上所记录的此类风俗，据江上波夫研究除分布在今顿河和多瑙河之间的著名的斯基泰人中之外，可能还有同属于伊朗系的阿兰族、乌古尔系的回纥族、奥斯恰科族，阿尔泰系的旁札尔科、鲜卑和通古斯族等等（参见上注江上波夫文），都是属于西北和北方的古代民族。有的研究者认为，此种风俗是从乌拉尔山以东的北亚地区的乌古尔系诸族中兴起，然后向南传播至中亚草原地区，被斯基泰人所接受（参见上注江上波夫文）。但是就目前所知，欧亚大陆的发现以中国的为最早，如果我们把涧沟的三例算在内，年代可早到公元前2000多年前的龙山时代，即便只认定大司马的两例为典型的剥头皮风俗的遗留物，年代也在公元前17世纪前后，正当夏末商初的时代。不仅比巴泽雷克二号冢的一例要早，就是比公元前7世纪至前5世纪的斯基泰人也要早得多。在后者所居住的南俄草原地区，公元前第2000年至前1000年初流行的是安德罗诺沃（Andronovo）文化，随后是卡拉苏克（Karasuk）文化。卡拉苏克文化出土的刀具、短剑、弓形器等青铜器和动物纹饰，显示了与外贝加尔、蒙古和中国北方草原地带乃至晚商和周代中原地区的某些器物和装饰风格的类似，说明至迟在殷末周初，中国北方地区就同中亚草原地区有比较密切的交往，这个交往的时间有可能比我们所知道的还要早（韩东《也谈家马的起源及其他》，《中国文物报》1999年6月23日第3版）。但是，由于剥头皮的例子发现很少，尽管东西方文化交往的可能性早就存在，但是要确定这种风俗的起源和传播路线，目前的条件还不具备。因为即使从后世的文献出发，在匈奴兴起之前，中国文献中北方氏族或部落向西方活动的实际情况也是无从详考的。（黄时鉴《希罗多德笔下的欧亚草原居民与草原丝绸之路的开辟》，南京大学元史研究室编《内陆亚洲历史文化研究——韩儒林先生纪念文集》，南京大学出版社，1996年）

至于同美洲的联系，过去曾有不少学者认为，印第安人的剥头皮风俗是从欧洲传入或者至少是在欧洲殖民者的鼓励下发生的。20世纪40年代以来，这一论点因为新的考古发现而受到挑战。在美国东南部的许多地方，不仅在欧洲人到来之前的中密西西比文化（公元1200年前后）中发现了剥头皮的痕迹（M. O. Smith 1995. Scalping in the Archaic Period: Evidence from the Western Tennessee Valley, *Southeastern Archaeology*, Vol. 14（1），pp. 60-68. 又参见上注Owsley and Berryman 1975）最近还在美国田纳西州西部河谷肯塔基水库区的古代文化期（Archaic Period）的晚期，发现了3例剥头皮的例子。时代可早到公元前2500～前1000/500年前。这是美洲迄今发现最早的剥头皮的实例，为美洲独立起源说提供了坚实的证据（参见上注M. O. Smith 1995）。实际上，在此之前就有人根据已有的发现，提出美洲的剥头皮风俗是在美国东南部起源的（参见上注D. W. Owsley and H. E. Berryman 1975），但是仍有学者坚持认为问题并不那么简单，此种风俗的起源和传播仍旧是需要深入研究的课题。（D. J.Ortner and G. P. Walter 1981. *Identification of Pathological Conditions in Human Skeletal Remains*. Smithsonian Institution Press, Washington, D. C.）

所以就目前欧亚大陆和美洲考古所见的剥头皮的实例看来，新旧大陆的标本差不多是一样的古老；欧亚大陆本身则以中国的考古发现为早，但是由于例子太少，与其说这种风俗是从某地起源传播至其他地区，还不如说它是在各地区单独起源更能令人信服。从美洲的材料可知，剥头皮的目的大约有三种类型：一是认为剥头皮与宗教相关，剥下的头皮是供奉给超自然的神灵的；二是认为与鬼魂相关，头皮代表一个人的生命，因此剥下敌人的头皮便是夺取了他的生命，而只有用敌人的头皮才能平息已经死去的自己亲人的怨气；三是为了显示猎皮者的勇敢和力量（参见上注D. W. Owsley and H. E. Berryman 1975）。无论如何，剥头皮风俗都是作为集团间的斗争的加剧而出现的，美洲的材料显示这种集团间的斗争，可以出现在采集—狩猎者中间，说明社会不平等的种子早在这个古老的时期就已经存在（参见上注M. O. Smith 1995）。中国的材料则发现在开始和已经阶级化、等级化的社会中，其社会文化意义以及它与中亚地区的类似发现的关系，我们现在还无法做出恰当的估价，但是，可以相信这样的发现在未来的考古发掘中还将出现，我们对此应该给予足够的重视。

致谢：本文草成首先感谢焦作市文物工作队及杨贵金、罗火金先生慨允笔者详细观察记录大司马遗址的人骨材料，潘其风先生慨允使用大司马人骨的鉴定材料，哈佛大学李润权博士寄赠相关的外文资料，澳大利亚拉楚布大学魏鸣先生拍摄照片。没有他们的帮助，这篇短文是无法同读者见面的。笔者还就该问题向潘其风、韩康信先生请教，同刘莉、巫新华博士进行过有益的讨论，也在此一并致谢。

（原载《文物》2000年1期）

大地湾地画和史前社会的男性同性爱型岩画

      大地湾遗址仰韶文化晚期地画自1982年在甘肃秦安县发现以来，在学术界引起广泛关注。焦点集中在对地画的释读上。为了使读者了解争论的关键，不妨先把发掘报告的内容摘要如下：

        地画位于室内近后壁的中部居住面上，由黑色颜料绘制成的。经甘肃省博物馆文物保护实验室初步鉴定，黑色颜料为炭黑。所占面积东西长约1.2、南北宽约1.1米。

        地画中有人物和动物图案。上部正中一人，高32.5、宽约14厘米。头部较模糊，犹如长发飘散，肩部宽平，上身近长方形，下部两腿交叉直立，似行走状。左臂向上弯曲至头部，右臂下垂内曲，手中似握棍棒类器物。此人的右侧，仅存黑色颜料的残迹，系久经摩擦脱落，推测也应为一人。上部正中人物的左侧，也绘一人物，高34、宽13厘米，头近圆形，颈较细长而明显，肩部左低右高，胸部突出，两腿也相交直立，似行走状。其左腿下端因居住面被破坏而残缺。其左臂弯曲上举至头部，右臂下垂也作手握器物之状。两人相距18厘米。

        在正中人物下方12厘米处，绘一略向右上方斜的黑线长方框，长55、宽14～15厘米。框内画着两个头向左的动物。左边的一个长21厘米，头近圆形，头上方有一只向后弯曲的触角，身躯呈椭圆形，有弧线斑纹，身上侧绘有两条向后弯曲的腿，身下侧有4条向前弯曲的腿，身后还有一条向下弯曲的长尾巴。右边的一个长26厘米，头为椭圆形，头上有三条触角形弧线呈扇形分散，长方形身躯上有弧形斑纹，身上侧绘有向不同方向弯曲的四条腿，身下侧有四条向前弯曲的腿。

在人物图案的左下方，还绘有反"丁"字形图案，并见模糊的黑颜料残迹。（图一、图二）（甘肃省文物工作队《大地湾遗址仰韶晚期地画的发现》，《文物》1986年2期）

这个画在仰韶晚期房屋地面上的画面，在年代上是没有疑问的；在画面上方是人的形象的认定上也是没有疑问的。问题集中在：（一）画面下方的方框中的图案是人还是动物？（二）画面上方的人物是男还是女？这两个问题的认定，直接关系到对地画性质的解释。

发掘报告的作者认为，画面上方的图案是人，而且是祖神；下方方框中的图案是动物，而且是代表供奉神灵的牺牲之物，因而这幅画面可能具有祖神崇拜的意义。从这种地画发现不多、出现在较小型的房基遗址中、地画绘制在房屋的上层居住面上等方面看，此地画可能是氏族小家庭的一种偶像崇拜。但同时又认为，地画正中的人物身躯宽阔，姿态端庄，似为一男子形象。左侧人物身躯狭长而略有弯曲，细

图一　大地湾地画

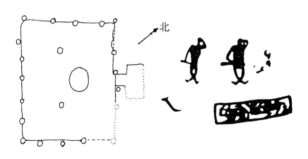

图二　大地湾F411平面图及其中地画摹本

腰，胸部突出，系女性。从右侧残存的墨迹看，似也有一人，可能是一个小孩或另外一个女性。中间具有男性特点的人物形象，是处于主导地位的，因而又认为这幅画面体现了原始社会晚期的三位一体的家庭组合方式。（参见上注甘肃省文物工作队《文物》1986年2期文）

　　李仰松先生也认为地面上方两个人物是一男一女，但一个是巫师，一个是女主人。至于下面的方框及其当中的图案，则是长方形的木棺和象征害人生病的鬼像或象征敌人或妖魔。整个画面是"人们施行巫术仪式的真实记录"。对这个画面所体现的巫术仪式，李先生认为可能有两种解读：其一，体现为"驱赶巫术"，是一幅为家里病人驱鬼的写照，即巫师和女主人手持法器，驱赶下面墓棺中两个象征害人生病的鬼像。其二，体现为报复巫术，是为报复敌人请巫觋来家作法加害敌人的写照。（李仰松《秦安大地湾遗址仰韶晚期地画研究》，《考古》1986年11期）

严文明先生认为，画上站立两人，均左手抚头，右手下垂执棒，右面模糊的墨迹，像是另有一个执棒的人物。下方的长方框，像是条案或木槽，里面放着两只动物——有些像青蛙或其他牺牲。因此"这画很像是几个人面对作为牺牲的动物在跳舞，或者在作巫术。……这所房子也许是巫师专用的宗教性建筑"。（严文明《仰韶文化研究》，文物出版社，1989年，211页）

宋兆麟先生认为，地画下方的方框表示木棺，但内装的是两个呈蛙形屈肢安葬的死者，地画表现的是"丧舞"。（宋兆麟《巫与民间信仰》，中国华侨出版公司，1990年，166～178页）

张光直先生认为，地面上面一排人物，可能是四个巫师舞蹈作法。人物的左臂如果可以解释为自头上垂下来的发辫，人手持的大棒应该是阳具或夸大的阳具，在这点上可看作是同上孙家寨的舞蹈人物有同样装饰或配备的巫师。他也认为下方的框代表木棺，里面的两个形象代表死者，所不同的是，他指出死者的身体是用线条表现的，是所谓X光式或骨架式的画法；同时死者屈肢做蛙形，似乎是回到母体子宫中胎儿的形象。根据民族志的材料，骨架状态象征"死者再生"。因此整幅画面被解释为："地画中的巫师似是在一个葬仪中舞蹈，行法祈使死者复生。"（张光直《仰韶文化的巫觋资料》，《中国考古学论文集》，［台北］联经出版事业公司，1995年，111～123页）

张忠培先生指出，地画上面的一排，像是有四个人，其中画面清楚的两个，右边的胸部突出似为女性，皆左手抚头，右手下垂执棒。下方的长方框，"似条案或似木槽，也有人推测为木棺，内画的动物难以确指，或为青蛙，或为鲵鱼，或为尸体。此画很像是几个人面对今难以确认之物在跳舞，宗教色彩鲜明，内容可能与行巫祭祀有关。"（张忠培《仰韶时代——史前社会的繁荣与向文明时代的转变》，《文物集刊》1997年1期，40页）

仅从上面所征引的几家意见，就可看到对地画的释读是多么分歧和不易。除了在认定地画是表现具有巫术或祭祀的仪式性质这方面是一致的，其他方面的见解差不多是言人人殊。

如前所述，对地画性质和内容的释读，首先取决于对画中每一部分图案的认定。但是这种认定正如整幅画面的释读一样困难。首先，是在画面形象和所表现的实际场面或物体之间的距离；其二是释读者（即我们）及其时代和描绘者（即史前人）及其所处时代的距离。这两个距离从根本上说差不多都是不可逾越的，后者的障碍还要大于前者。这是考古学的局限性所致。但是如果我们在原本孤立、分散的考古记录中间，建立起大量的多样性的联系（斯蒂芬·J·米申《旧石器时代艺术的生态学解释》，赵妸译，《考古学的历史·理论·实践》，中州古籍出版社，1995年，293～322页），在考古记录和民族学（包括古代文献）的记录之间建立起大量的、多样性的联系，那么就可能为考古记录找到近乎实际的解释。

本文不拟就整个画面的释读提出意见，只想就上排人物的性别认定谈一点看法。在上述各家的研究中，我们注意到只有张光直先生提出，上排人物右手所持之物乃阳具或夸大阳具，也即男性生殖器官，但没有给予论证。

其实，即使仅仅从地画所表现出来的人物特征看，张先生的上述结论也是可以接受的。两人右手中所持之物，一端连接裆部，另一端则直挺挺指向前方，左边一人所持之物还略略向上，且端部膨大呈圆头状，正是生殖器勃起的写照。曾有学者指出，出土于青海大通上孙家寨的彩陶舞蹈纹盆上的人物形象，其胯部斜出的一短线，是男性生殖器（赵国华《生殖崇拜文化论》，中国社会科学出版社，1990年，119页。张光直先生也持同样的意见，参见上注张光直文）。但尖刺而又微微飘动的形状和向斜下方伸出的朝向，更应该是比较柔软的随旋转而飘动的饰物之类（参见本书《马家窑文化舞蹈纹彩陶盆的比较研究》）。如果把两者的形象加以比较，恐怕更易辨识前者的性质（图三）。至于左边一人右胸部的向前突出，也很难看作是女性的特征，因为原始的画家并没有完整的解剖学知识，相反，如果有，那左边一人所表现出的宽肩和窄臀，仍旧是男性的体貌特征。

两个（或者更多）裸体的男性，一手抚头，一手操持着勃起的阳具，脚下还在不停地跳着，这的确是一个我们不熟悉

图三　青海大通上孙家寨出土马家窑
文化彩陶盆及其内壁的舞蹈纹

的画面。如果我们的判断不错，这很容易让我们想起古代世界男性同性爱的场面。当然大地湾地画所表现的应该是纯粹仪式性的场面，其意义也许和表现异性爱的仪式绘画相类似。

表现男性同性爱的题材，广泛地存在于世界各地的岩画上，这里试举几例：

（一）印度中部Jaora地区铜石并用时代的岩画。画面上有15人，其中9人的阳具勃起。上面的一排，右边一人左手抚头，右手握阳具；中间一人右手抬起，似乎在向左边的人打招呼，左手握阳具；左边的一人，则右手叉腰，左手握阳具，三者似都作行走状，形态与大地湾地画的人像可以比较。中间的一排，其中三个人的阳具向前，后两者的阳具则直指前者的臀部，所体现出来的同性爱意味是无可置疑的。下边的三人，左边的一个，单腿站立，另一条腿高高翘起，两手握阳具，嘴里似乎还在叫喊着什么；右边的两人，一人右手握阳具，另一人左手握阳具，两两相对，似乎还在交谈着什么。其余的6个人物，没有勃起的阳具，但也不具女性身体膨大或者胸部突出的特点，似乎仍旧是男性。研究者认为整个画面表现了同性爱的活动（homosexual activity）。（图四）（E. Neumayer 1983. *Prehistoric Indian Rock Paintings*, pp. 20, 129；plate 113. pp. 20, 130；plate 118. p. 131；plate 119. Delhi: Oxford University Press）

（二）印度中部Kathotia地区铜石并用时代的岩画。整个画面至少可以分为6组。以中部体形最大、手握指挥棒者为中心，其前面对他竖向排成一排的，有6人，皆阳具高挺（除前数第二人），后边一人的手依次搭在前者的肩上，最前的一人，双手着地。其后还有至少一组或者三组人物，其中阳具高举的有4个，体态各异。指挥者右前方横着的一排，有3人，皆弓腰，近前的一个双手向前，阳具高举；后边的两个体态同前，但看不见勃起的阳具。指挥者的身后还有至少3组人。右后横着的一排，与指挥者右前的一排姿态相同。其后的一竖行，除后一人外，皆有高举的阳具，两两勾肩搭背，最前的一人右手高举，最后的人左手高举，大家的嘴都张着，似乎在高喊着什么，脚下也似在不停地跳动。这队人物的后面，有四人一牛。体形最大的一人，平躺在地上，两腿半曲，左手握阳具，右手枕在头下，显系作手淫状。研究者认为这幅画面描绘了同性爱舞蹈（dance scene with homosexual overtones）的场面。（图五）（参见上注E. Neumayer 1983）

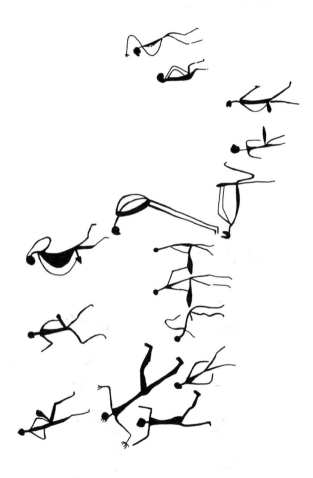

图四　印度中部Jaora地区铜石并用时代的岩画

图五　印度中部Kathotia地区铜石并用时代的岩画

图六　印度中部Kathotia地区铜石并用时代的岩画

　　（三）印度中部Kathotia地区铜石并用时代的岩画。最左边的两人，作拳击状，但阳具高举；其后的两人抬物向前走动；再后有两个阳具勃起的人物，他们中间是一个据认为是酋长（chieftain figure）类的人物，身下有一个板凳；下方还有两个小一号的酋长类的人物。再后是人驾着牛拉车的形象，牛的右下还有一个酋长状的人物。这幅岩画被认为是表现了祭礼的场面（cult scene）。（图六）（参见上注E. Neumayer 1983）

　　（四）瑞典西南部Goteborgs och Bohuslan 地区的史前岩画。中间的两个面对面作交媾状，其中一人的阳具高举，另一个的性别则不易确定。过去通常把这幅岩画看作是异性的交媾，但是新的研究表明，另一个人物也应该是男性。（图七）（T. Yates 1993. Framework for an Archaeology of the Body, C. Tilley ed., *Interpretive Archaeology*, pp.31-72. Providence: Berg Publishers）

　　（五）意大利西西里AddauraⅡ的史前岩画。整幅画面有11个人物，周围站立的人物被认为是女性，中间的两个被认为是男性，且正在交媾。其中上面一人的阳具直抵下面一人的臀部，传统的看法认为中间两人是用

图七　瑞典西南部Goteborgs och Bohuslan地区的史前岩画

绳子绑在一起的，体现了仪式而非性的意味（N. K. Sanders 1985. *Prehistoric Art in Europe*, 2nd Edition, p. 153. Harmondsworth: Penguin）。但新的研究相信下面的一人也是男性，因此表现了同性爱。（图八）（P. L. Vasey 1997.

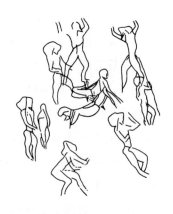

图八　意大利西西里Addaura II的史前岩画

Intimate Sexual Relations In Prehistory: Lessons from the Japanese Macaques, *World Archaeology*, Vol. 29 ［3］ , pp. 407-425. 这篇文章基于对日本一种雌性猴子（macaque）的同性爱观察，对广泛流行的人类史前社会不存在非生殖的爱的说法进行了系统批驳）

　　此外在美洲的古代印第安人的陶器绘画上（R. Larco Hoyle 1965. *Checan: Essay on Erotic Elements in Peruvian Art*. Genera: Les Editions Nagel），亚洲地区的岩画上都有同性爱的描绘。比如我国新疆地区的古代岩画就有不少这样的题材。

　　（一）裕民县巴尔达库尔山岩画。在一块岩石上凿刻三个男子，旁边有竖起角的两只大山羊。三个男子皆向前伸出双手，阳具勃起。右边的男子有4根角状饰物（图九，1）（苏北海《新疆岩画》，新疆美术摄影出版社，1994年）。同类的题材在该地区还有很多，也有表现男性手淫的

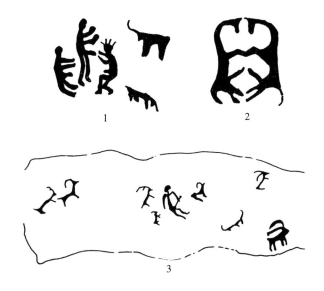

图九　新疆同性爱题材岩画
1. 裕民县巴尔达库山岩画　2. 呼图壁县石门子岩画　3. 裕民县巴尔达库山岩画

画面。（图九，3）（参见上注苏北海1994年文）

（二）呼图壁县康家石门子岩画。这幅巨型的岩画主要描绘了男女交媾的舞蹈场面，被认为是生殖岩画的代表作，但其中也不乏多名男性裸体舞蹈的场面。最上层的9个女性舞蹈者中间，有两组对马图形，其中一对特别显示了雄性生殖器的对立（图九，2）（参见上注苏北海1994年文），暗示了人类同性爱的存在。

无须泛引，说明男性同性爱在史前时期是一个客观存在的事实。而上述岩画特别是印度岩画所表现的人物体貌特征与大地湾地画人物形象的一致，说明后者所表现的也是一个同性爱型的题材。

从恩格斯的两种生产理论（恩格斯《家庭、私有制和国家的起源》，《马克思恩格斯选集》，人民出版社，1972年，1～175页），一直到不久以前的西方学术界（A. L. Zilman 1987. Sex, Sexes and Sexism in Human Origins. *Yearbook of Physical Anthropology,* Vol. 30, pp. 11-19），一般都认为食物和性，也即人类的生存和自身繁衍，是人类生活中最最重要的大事。因此，性一直被淹没在以生殖为目的的性关系中，非生殖（non-reproductive）的性在史前社会被认为是不存在的。但是新的研究表明，基于快乐目的的性不仅在动物界即使在人类社会也广泛存在。非生殖的性爱场面也不仅仅是或全部都是仪式的再现，而应该有事实为基础。（参见上注P. L. Vasey 1997）

因此把大地湾地画中上排人物看作是两个（或更多）男性裸体舞蹈的写照，不仅在画面的图像学释读上是可行的，同时也有世界其他地区的同类题材给予支持。问题的关键是，假如这是两个男性的形象，而且手中都操持着挺起的阳具，那么其目的同下方的图画体现为什么样的因果关系？我相信以快乐为目的的性关系（包括同性爱），广泛存在于史前社会，但是史前人能否像我们现代人那样严格区分开何者是生殖的性，何者又是非生殖的性，却不是件容易的事。因此，尽管大地湾地画表现的是男性同性爱型的题材，但作为一个纯粹仪式性的画面，仍不能排除它所可能具有的祈求死者复生的巫术性质。当然，建立这种联系的另一个前提条件，是证明下方方框中的图像确实是死者的形象。或者勃起的阳具正如纯粹的男性生殖器模型一样，是作为生殖（fecundity）和丰产（fertility）的象征符号出现的（B. Karlgren 1930, Some Fecundity Symbols in Ancient China. *Bulletin of the Museum of Far Eastern Antiquities*, Vol. 2, pp. 1-54；B. Karlgren 1942. Some Ritual Objects of Prehistoric China. *BMFEA,* Vol. 14, pp. 65-70），舞蹈的姿态只是以同性爱的形式暗示了男性生殖器的作用和意义也说不定。

（原载《东南文化》1998年4期）

马家窑文化舞蹈纹彩陶盆的比较研究

1973年秋，考古工作者在青海省大通县上孙家寨墓地发掘甲区第20号汉墓时，在墓道西侧清理了一座被严重破坏的马家窑文化（一般认为马家窑文化包括石岭下、马家窑、半山和马厂等类型，已发现的舞蹈纹彩陶盆都具有浓郁的马家窑类型作风，当属马家窑类型；为方便起见，叙述上仍采用马家窑文化的通称）墓葬，编号M84。在出土陶器中，一件内壁绘"舞蹈"纹的彩陶盆，引起了人们的极大兴趣和重视。据报道，该陶盆"口径29、腹径28、底径10、高14厘米。器形较大，敛口、卷唇、鼓腹。下腹内收成小平底，……唇及内外壁均有彩。……内彩特殊，在内壁最大处绘四道平行带纹，最上端一道较粗，内壁紧接口沿处一圈带纹。上下两组纹饰之间有舞蹈形画面三组，……五人一组，手拉手，面向一致，头侧各有一道，似为发辫，摆向划一，每组外侧两人的一臂画为两道，似反映空着的两臂舞蹈动作较大而频繁之意。人下体三道，接地面的两竖道，为两腿无疑，而下腹侧的一道，似为饰物"。（图一）（青海省文物管理处考古队《青海大通县上孙家寨出土的舞蹈纹彩陶盆》，《文物》1978年3期）

1991年春，考古工作者在甘肃省武威市磨咀子遗址采集到马家窑文化的第二个舞蹈纹彩陶盆。据复原，该陶盆"口

图一　青海大通县上孙家寨舞蹈纹彩陶盆
1. 正视图　2. 俯视图　3. 纹样展开图
（据《中国新石器时代陶器装饰艺术》125页的临摹图）

径29.5、腹径28.5厘米，底残、直径约11厘米，高14厘米。器型较大，敛口，鼓腹，下腹内收，小平底残甚。……（内壁）上下两条纹饰之间有舞蹈纹两组，……每组九人，手拉手似在跳舞"。（图二）（孙寿岭《舞蹈纹彩陶盆》，《中国文物报》），1993年5月30日第3版）

　　时隔几年以后，在青海省西宁市西340千米处的宗日遗址，发现了马家窑文化的第三个舞蹈纹彩陶盆，也是迄今为止发现的最完整的一件。这件难得的艺术珍品，出土于编号为157号的墓葬中。据照片观察和文字描述，该器敛口，卷沿，鼓

图二　甘肃武威磨咀子舞蹈纹彩陶盆
1. 复原图（采自启星《舞蹈纹彩陶盆说》）
2. 舞蹈纹局部（据简报照片临摹）

腹，小平底。内外壁皆有彩，内壁上下两条平行纹带之间，精心描绘两组舞蹈人像，一组十三人，手拉手作舞蹈状，形象生动传神，图案充实饱满，为我们对马家窑文化舞蹈纹彩陶盆的研究提供了珍贵的对比材料。（图三）（宗日遗址发掘队《青海宗日遗址有重要发现》，《中国文物报》，1995年9月24日第1版）

上孙家寨舞蹈纹彩陶盆的出土，曾在学术界引起轰动，迄今为止有关它的研究不下数十种（参见缪亚娟等编《中国新石器时代考古文献目录》，科学出版社，1993年。其实有关的研究远超出该书所收的篇目），已经发表的意见主要从探讨舞蹈形象所表现的内容出发，提出了很有价值的观点。主要有图腾、祭祀、庆祝、生殖崇拜和巫术等说法，虽然分歧很大，但大都把它视为与远古人类的精神生活紧密相连，而不把它看成纯粹娱乐性的舞蹈。

武威磨咀子陶盆发现之后，曾有学者对以上诸种解释提出批评，认为这种绘有舞蹈图案的彩陶盆，不是某种特殊用途的东西，"乃是具有观赏价值的器物，与今时人们喜爱珍藏装饰器物情况相似，是氏族领导人或富有者所收藏的器物。"而且进一步申说："不要把新石器时代人们的事事物物，都同某种社会意识联系起来，不妨也从他们的生活情趣，从他们的生活爱好考虑，这样会更接近于他们的生活，了解他们的日常生活。"（启星《舞蹈纹

图三　青海西宁宗日彩陶盆上的舞蹈纹（据简报照片临摹）

彩陶盆说》，《中国文物报》，1993年6月6日第3版）这种意见虽然揭示了一个人所共知的事实：爱美之心，人皆有之，古亦有之，但是却也在很大程度上脱离了上古社会生活的历史背景：因为作为纯粹审美意义上的所谓"美术品"的出现是相当晚近的事情；再者，对所谓"美术品"的"收藏"和占有，并不能简单解释美术品原有的功能，这正如古代的青铜器被时人或后人屡屡占有或"收藏"而不能把青铜器看作一般意义上的收藏品一样容易理解。事实上，虽然关于青铜器的功能的探讨远远没有取得一致的意见，但它不是纯粹审美的产物却是可以肯定的。我们固然不能确认舞蹈纹彩陶盆的确切含义，但是它一定不是简单的装饰品，而应当是同当时人们的某种社会意识联系在一起的。本文拟从以下几个方面分别说明之。

一　关于舞蹈

舞蹈作为一种宣泄感情表达人类某种意愿的艺术形式，同人类自身一样古老。历史学和民族学的研究表明，古代人类和后进民族几乎所有重要的活动都离不开舞蹈。古希腊人的舞蹈既在森林里，田野里，也在神庙中举行。举凡生育、丧葬，都有舞蹈的"节目"。他们既向太阳神阿波罗，也向酒神和丰收之神舞蹈献祭。在印第安人那里，在相当长的一段时间内，敬神的唯一方式就是跳舞。印第安人在日出和日落时向太阳和月亮舞蹈，霍皮（Hopi）印第安人把毒蛇含在口中跳舞，以求天神降临。在印度，舞蹈本身就是宗教。纳奇人（Nautch）的舞者与寺庙密切相关，而且以神的伺者闻名，这是因为他们在神像面前跳舞歌唱。他们也参加宴会、婚礼和公共娱乐活动。即便是基督教，在公元744年以前，也不禁止在教堂和墓地跳舞。古代的埃及人和希伯来人也有舞蹈的仪式活动。事实上，舞蹈是古代人类和后进民族日常生活特别是仪式生活中最重要的一个组成部分。

在远古人类的诸种舞蹈中，模拟舞蹈占有相当大的比重，而且各个不同，都有自己的目的。正如罗伯森（Robertson）所说的那样："舞蹈对野蛮人的生活来说，占有非常重要的位置，若对敌宣战，要以舞蹈来表示仇恨；若要使神灵息怒，降福苍生，或者为新生命而欢乐，为朋友的去世而哀悼，所有这些场合都有相应的舞蹈来表达。"比如奇潘娃（Chippewa）印第安人的舞蹈模仿杀死敌人的过程，表演剥皮、饮血的动作，认为这种舞蹈通过神秘巫术的作用能削弱敌人的力量。在非洲，在大猩猩的狩猎活动之前，总要表演"大猩猩舞"。一部分人模仿大猩猩的步态和神情，另一部分人则悄悄地接近这些"猎物"，表演捕获和杀死它们的一套舞蹈动作。舞蹈的作用是如此广泛而且重要，所以一个摩图—摩图（Moto-Moto）老人曾说过："没有没有用处的鼓声，没有没有用处的舞蹈。"由此看来，在古代特别是在没有文字的所谓"野蛮人"那里，舞蹈差不多都是与仪式生活联系在一起的，也是同人们的某种社会意识联系在一起的。难怪著名的民俗学家恩克尔（L. Eichler）得出这样的结论："所有野蛮人的舞蹈都大有深意。它不是简单的娱乐，而是一种仪式。"（Lillian Eichler 1988. *The*

Customs of Mankind, Vol. 2，p. 471. Delhi: Gian Publishing House, Reprint. 本节的材料主要引用该书469～499页关于"舞蹈"风俗的研究）

　　上古中国的舞蹈也差不多与宗教仪式活动密不可分。《吕氏春秋·仲夏纪古乐》："昔葛天氏之乐，三人操牛尾投足以歌八阕，一曰《载民》、二曰《玄鸟》、三曰《遂草木》、四曰《奋五谷》、五曰《敬天常》、六曰《达帝功》、七曰《依地德》、八曰《总万物之极》。"除了《敬天常》《达帝功》和《依地德》明白无误是有关宗教仪式的舞蹈外，其余虽源于农业、畜牧业等生产活动，但也已成为人们仪式活动的一部分。《韩非子·五蠹》："当舜之时，有苗不服。禹将伐之，舜曰：不可。上德不厚而行武，非道也。乃修教三年，执干戚舞，有苗乃服。"所谓执干戚，一则练兵，二则也有祈求神灵保佑胜利的意思。

　　中国古代的舞蹈又据说始自帝俊之后。《山海经·大荒西经》"帝俊有子八人，是始为歌舞。"夏商都有自己的舞蹈。据《山海经·海外西经》："大乐之野，夏后启于此舞九代。"又据《大荒西经》："（夏后）开上三嫔于天，得九辩与九歌以下。"注引《竹书》："夏后开舞九招也。"陈梦家先生说："九代、九辩、九招，皆乐舞也。"（陈梦家《商代的神话与巫术》，《燕京学报》20期，1936年，524页。转引自张光直《商代的巫与巫术》，《中国青铜时代》第二集，三联书店，1990年，64～65页）又说九代即隶舞，隶舞见于卜辞，常为求雨而舞。商人的舞风更炽。《吕氏春秋·仲夏纪古乐》："汤乃命伊尹作为大护，歌晨露，修九招、六列，以见其舞。"卜辞中屡见"今囚巫九备"之语，于省吾先生认为"即今用巫九摇也……巫九摇尤言巫九舞。古老歌舞恒以九为节，巫祝以歌舞为其重要技能，所以降神致福也。"（于省吾《双剑誃殷契骈枝》，转引自张光直上引书，64～65页）《说文》："巫祝也，女能事无形，以舞降神者也。"所以张光直先生把乐舞视为巫师通神的手段之一，是极有见地的。（《中国青铜时代》第二集，64～65页）

二 关于舞蹈纹饰

上孙家寨、磨咀子和宗日遗址所出土陶盆上的舞蹈纹饰，以其质朴而传神的特点，给人们留下深刻的印象，在定性为"舞蹈"纹饰这一点上没有分歧。但是，关于上孙家寨陶盆舞人的形象还存在颇多的争议。首先是头侧的一斜道（参见图一），有人认为是"发辫"（参见上注青海省文物管理处考古队文）或"辫发"（金维诺《舞蹈纹陶盆与原始舞乐》，《文物》1978年3期），有人则认为是古代西北地区人们的独特的"披发"形象（王克林《彩陶盆舞蹈纹辨疑》，《考古与文物》1986年3期）。这些说法虽然都有道理，但却难以认定。实际上，如果把它视为帽子后面的飘带或饰物，也未尝不可。关于下腹体侧的一道，有人认为是饰物（参见上注青海省文物管理处考古队文），也有人认为是装饰的"兽尾"（参见上注王克林文），还有人把它看作"生殖器保护带"（参见上注王克林文），或者干脆认为它就是男性生殖器（赵国华《生殖崇拜文化论》，中国社会科学出版社，1990年，119页）。这一点虽然也无法最终认定，但根据纹饰本身强烈的写实风格，似乎很难把它看作男性生殖器，而应该是比较柔软的随旋转而飘动的饰物一类。

磨咀子的舞蹈纹（参见图二），形象比较呆板，舞者的头部和臀部几呈圆球状，由于相互间距离较近，臂与臂之间的夹角远小于上孙家寨的舞蹈形象，所以虽然笔法流畅，姿态却不活泼。头后没有"饰物"或"发辫"；腹下也有三道，但中间的一道与象征两腿的两道纹饰一样长，不过角度不一，应该还是饰物一类的东西。

宗日的舞蹈纹，在形式上更接近磨咀子。舞者头部与陶盆口沿的一圈纹饰交汇在一起，虽只显露头下部的一部分，但显然不具备上孙家寨陶盆上舞蹈者的头饰或"发辫"。臀部呈球状，除左起第三人（参见图三）的左侧似有尾饰之外，大部分不见尾饰，腿部则干脆简化成为一根柱状（右起第二、三、四似能看出两道，当为两腿）。

在身体的其他部分，上孙家寨的舞人胸部虽然不大，但腹部却要更小。磨咀子与宗日的舞人，上身却简化成一根直线，唯臀部绘成圆球状，与前者的区别是非常明显的。如果这不是地区表现形式的不同，则很容易让人想起舞者性别的不同。

在舞者的组合上也存在着差别。上孙家寨陶盆上的舞者五人一组，三列舞人环绕盆沿组成圆圈，人数刚好是15个（参见图一，3）。磨咀子陶盆的舞者则分二组环绕在盆沿，每组9人，人数是18个。宗日陶盆的舞者也分二组环绕在盆沿，不过一组13人，人数刚好是26个。虽然三处陶盆上的每一组舞人都是奇数，即分别为5、9和13，但后二者陶盆各自组合的舞者组合是偶数。这是偶然的巧合，还是另有寓意？奇偶数在后进民族里与男女性别之间的联系（孙运来编译《黑龙江流域民族的造型艺术》，天津古籍出版社，1990年，105～108页。比如黑河的埃文克人认为，单数为阳，为男性；偶数为阴，为女性。这种观念在包括汉族在内的许多民族中不同程度地存在），很容易让人想起上孙家寨陶盆上的舞人与后二者的舞人在性别上的不同，这一点或许与形象上的差别是相通的。我更倾向于把上孙家寨的舞者看成是男性的形象，而把后二者视为女性的形象。

舞蹈在古代的宗教仪式生活中占有如此重要的位置，把这种活动描绘在陶器上，很难设想这件陶器是纯粹表现审美的"收藏品"，当然也不会是普遍意义上的日常用品，而应该是宗教仪式生活的重要组成部分。

三 关于陶盆

尽管宗日的材料还没有完全公布，但从照片及简单的描述分析，它与上孙家寨及磨咀子出土的两件陶盆在形式上是颇为接近的。都是大口，卷沿，鼓腹，小平底。纹饰虽略有不同，但都是以直线和曲线为主；舞者的形象夹在口沿和内腹的两条平行纹带之间，并且与它们交融在一起。每组舞者之间都以几条平行的直线或曲线分开，在排列布局的方式上存在惊人的相似。上孙家寨和磨咀子的陶盆在大小尺寸上几乎完全一样，更是令人惊奇。

宗日遗址的彩陶盆含有浓郁的马家窑类型作风，虽然该文化遗存因出土了以乳白色陶绘紫红彩的瓮、壶、罐、钵等典型器物，而被命名为马家窑文化宗日类型，但整体看来显然还属马家窑类型的范畴。根据已有的发现，马家窑类型文化的分布东起泾、渭河上游，西至黄河上游的龙羊峡附近，北入宁夏清水河流域，南达四川岷江流域汶川县地区（谢端琚《黄河上游的马家窑文化》，《新中国的考古发现和研究》，文物出版社，1984年）。宗日遗址被认为是目前黄河上游文化发掘面积最大、地理位置最西的新石器文化晚期遗址。从宗日经上孙家寨到磨咀子的直线距离超过几百千米，在如此广大的范围内，发现在类型上如此相近的舞蹈纹彩陶盆是意味深长的。

陶盆的出土地点也耐人寻味。上孙家寨的一例，因出在一严重破坏的墓葬中，葬制不明；但伴出的有骨纺轮、海贝、穿孔蚌壳、骨珠和烧焦的人骨残块、木炭、红烧土及牛蹄、牛尾骨，从烧焦的人骨和木炭分析，死者大概用木棺或木椁；入土后焚烧墓穴，似乎表明死者的身份特殊；而由海贝、牛骨、木炭等分析可知死者的经济地位较高。如果说磨咀子的陶盆系由地面采集的陶片拼成，不足为凭，那么宗日的陶盆却也是出土在墓中，我们虽然不明墓葬的形制特点，但据报道，该墓地存在将木棺与尸骨一起烧化的现象，这一点与上孙家寨的情况相似。也就是说该墓地也有与上孙家寨墓的墓主身份相接近的人，虽然目前还不清楚舞蹈纹彩陶盆是否就出在有烧化现象的墓中。

经过调查发现的马家窑类型遗址共三百多处，经过正式发掘的有十多处。在出土的诸多陶器制品中，舞蹈纹陶盆仅发现三个，这与大量出土的日用陶器形成了鲜明的对比。一方面是相距千山万水，陶盆的装饰风格非常接近，另一方面是相对于成千上万的日用陶器独立突出，而且上孙家寨的一例还出土于有特殊葬俗的人的墓中，所以这种饰有舞蹈纹的陶盆一定是用做专门的目的，而不会是一般意义上的日用品。

四 关于陶盆用途的推测

如前所述，舞蹈既然出现在古代人类差不多一切的仪式活动中，单凭一组舞蹈形象很难推知它的确切含义。但是通过我们对舞蹈本身、舞蹈纹饰以及陶盆的逐层分析，就有了推测舞蹈纹彩陶盆功能的可能性。

推测之一：陶盆是巫师通神作法的道具。

随葬陶器一直是黄河上游地区史前文化的特色之一。陶器作为礼器在这个地区的史前文化中占有非常重要的地位（陈星灿《青铜时代与玉器时代》，《考古求知集》，中国社会科学出版社，1997年）。把陶器作为巫师作法的道具正如长江下游地区的人们用玉器作为通神的工具一样容易理解。（张光直《谈"琮"及其在中国古史上的意义》，《文物与考古论文集——文物出版社成立三十周年纪念》，文物出版社，1986年）

把舞蹈形象描绘在器物上，作为巫师通神的助手在民族志上并不鲜见。比如，苏联国立托木斯克大学博物馆藏有一

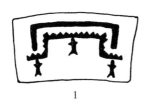 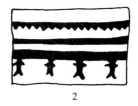

图四　西西伯利亚埃文克人萨满男长衣上的人形图案
1. 背部领子上的人形图案　2. 下摆上的人形图案

件西西伯利亚埃文克人的萨满男长衣，是用鹿皮革缝成的。在背部领子附近，有一条很宽的两端向下弯曲的图案带，再下边是三个人形图案。这些图案用黑色颜料绘制而成，用白色鹿毛辫带镶边。三人双臂平举，双腿叉立，有明显的装饰风格（图四，1）。衣服下摆上的黑色带上连接着十六个黑色人形图形的头部，形象与领子附近的人像相当（图四，2）。他们都被认为是萨满的助手。（参见上注孙运来编译书26～29页）

鄂霍次克埃文克人萨满的胸巾虽然与普通的女用胸巾无论在形式上还是在装饰上都毫无区别，但是萨满自己的胸巾上缝上用布料剪成的人形图案，他们手拉手双腿叉立，正在跳舞（图五）。他们也被视为萨满的助手。（参见上注孙运来编译书55～56页）

图鲁罕边区的有些埃文克族萨满还在帽子上佩戴过拟人图形哈尔吉——据说是跳神时附在萨满头上的萨满祖先。"附到"萨满身上后，哈尔吉就替他"考虑"，向他发出相应的指示。这个祖先也是舞蹈者的形象。（图六）

事实上，萨满通神并不是一个人，而是在由各种人物

图五　鄂霍次克埃文克人萨满胸巾上的
人形图案

图六　图鲁罕边区埃文克
人萨满帽子上的拟人图案

组成的"集体"陪伴下行动的。这些人物的职责范围具有严格的划分。考虑黑龙江地区埃文克民族等的情况，在萨满的庇护者和感召者中，可以有人，也可以有野兽。他（它）们同时出现，都起着萨满谋士的作用。萨满最亲近的助手是祖先、萨满勇士、萨满祖先和不同种类的动物。萨满认为，所有这些角色都是联合行动的，而且由他统一指挥。（参见上注孙运来编译书93页）

　　舞蹈者何以能够作为萨满的助手？这一点也能从民族志中找到答案。在萨满看来，萨满通神的旅途非常危险，为了避免恶神的打击，他不仅要同他人（即法器上描绘的人或物）联合行动，而且要称自己的法衣为"盔甲"。比如在涅尔坎埃文克人萨满的服装后背的腰部，有一条不宽不窄的鹿皮革带，上面缝着四根中等辫带，这条鹿皮革带表示"尾巴"。它的用途是，借助于急剧的旋转运动，它似乎能穿越各种天然障碍，譬如隘口处的雪堆，林中的倒木，等等。（参见上注孙运来编译书31～32页）。舞蹈所带来的旋转、跳跃以及随之飘动的头饰、尾饰，无疑能保佑萨满抵御恶神的打击顺利到达目的地。正是在这一点上，舞蹈者的形象同酒、药、树、动物以及其他法器的功用是相仿佛的。把舞者的形象画在陶盆上，其意正在于此。

推测之二：舞蹈形象同时又是巫师作法的写照。

马家窑文化陶盆上的舞蹈形象，是现实生活的真实反映。

巫师作法所使用的道具上往往描绘着巫师作法的真实情形，这一点也可在民族志中寻到支持。比如上述涅尔坎埃文克人的萨满男长衣上描绘有背对背的鸟、驼鹿、驯鹿等各种形象及辫带、条带等。在它们当中，第一部分用作萨满的运输动物，第二部分帮助他克服在寻找上界神明的旅途中遇到的各种障碍，第三部分是给神的礼物，第四部分表示萨满的旅途，等等。"在普通的乍看起来是纯粹具有装饰作用的条带中，展示了据说是萨满所要经过的那个地带的完整的全景，其中包括各种形式的风景画——有时是森林，有时是沙漠或沼泽，垂饰和图画大体上好像是为萨满所讲的关于他周游宇宙世界的故事而做的插图，同时也是萨满宗教剧（跳神）的反映。"（参见上注孙运来编译书35页）因此，假如我们关于舞蹈纹彩陶盆是巫师道具的推测可以接受，那么，陶盆上的舞者不仅是舞师通神的助手，同时也可能是现实世界巫师通神作法的具体写照。

（原载刘海平主编：《中美文化的互动与关联——中国哈佛燕京学者第一届学术研究会论文选编》，上海外语教育出版社，1997年）

史前时期的头骨穿孔现象研究

一　引言

1995年春，中国社会科学院考古研究所河南一队赴河南省焦作市进行考古调查（中国社会科学院考古研究所河南一队、河南省焦作市文物工作队《河南焦作地区的考古调查》，《考古》1996年11期）。在武陟县大司马遗址采集到一片龙山文化时期的人头骨残片（图一）。据韩康信先生鉴定，此系一成年男性左顶骨的一部分。奇特的是在顶结节靠后的位置，发现有一个规整的小圆孔。穿孔截面从外到内，截面基本垂直。孔外径约1厘米，内口向左前方倾斜，截面呈不规则圆形，长径约1.6厘米，短径约1厘米。孔壁不很光滑，似有纵向的刀刮痕迹，因而排除了啮齿动物所为或其他非人工力量所为的可能性。我们在遗址调查的时候，正赶上一对青年夫妇翻土，沟垄上撒满了刚刚出土的碎陶片，人头骨残片就是在这些陶片中发现的。头骨片上沾满了新土，上面无被翻土工具破坏的痕迹，穿孔也是在当时发现

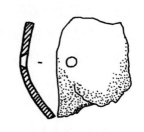

图一　河南武陟大司马遗址出土穿孔头骨片

的，因而排除了出土后被现代人作伪或被生产工具破坏所致
的可能性。据青年夫妇介绍，该头骨片是在一个瓦（陶）罐
中出土的。检视出土陶片，虽然皆属龙山文化的篮纹陶器的
碎片，但经拼合可知，这些陶片至少包括三个陶器。其中的
两个系陶瓮，其形制大小差不多完全一样，皆为泥质灰陶、
鼓腹平底、肩部以下饰篮纹的典型龙山文化陶器。其中的一
个器底正中有一人工打击的小孔，显系瓮棺无疑。两个陶瓮
的肩部以上均缺失，从肩部陶片上的平直切痕分析，当是为
做瓮棺特意将两个实用陶瓮切割所致。因此推测这两个陶瓮
组成一对套棺，人头骨片大约就是在这一套棺中安放的。
（见上注《河南焦作地区的考古调查》图一一）

　　大司马遗址是一个典型的龙山文化遗址，在二里头文化
时期和商代这里也曾有人居住。1990年焦作市文物工作队曾
在此试掘，于距出土穿孔头骨以北约50米的地方曾发现两例
二里头文化晚期可能是剥头皮的人头骨（杨贵金、张立东
《武陟大司马遗址的剥头皮遗痕及其意义》，《中国文物
报》1995年8月27日；杨贵金、张立东、毋建庄《河南武
陟大司马遗址调查简报》，《考古》1994年4期）。头骨
上有一圈自额角顶缘附近始，经两侧顶骨绕过结节下方枕骨
的切痕，证明了该遗址与稍早的龙山文化时期的邯郸涧沟遗
址在风俗上的某些一致性（严文明《涧沟的头盖杯和剥头
皮风俗》，《考古与文物》1982年2期），也间接地证明了
我们调查所发现的穿孔头骨在年代上的真实性。

　　头骨穿孔是一个世界性的文化现象，西方学者对此有
过很多的论述（已有的报道和专门的论述不下数十种，最

集中的论述见E. Guiard 1930. *La Trepanation crenienne chez leson olithiques et chez sel primitifs modernes*）。过去我们在这方面的发现不多，专门的论述（韩康信《骨骼人类学的鉴定对考古研究的作用》，《考古与文物》1985年3期；刘学堂《新疆地区青铜时代到早期铁器时代考古文化中两个问题》，载吉林大学考古系编《青果集》，知识出版社，1993年。吕恩国《论颅骨穿孔和变形》，《新疆文物》1993年1期）更少。因此本文试图就目前国内的零星发现做一综述，并且与世界其他地区主要是亚欧国家的发现进行初步的比较，以期引起广泛的注意，加深对这一世界性文化现象的研究。

二　中国境内的考古发现

（一）广西桂林甑皮岩

据发掘简报报道，在洞穴内的新石器时代文化层所发现的十四个人头骨中"有六个顶骨处有人工穿孔的情况"（广西壮族自治区文物工作队、桂林市革命委员会文物管理委员会《广西桂林甑皮岩洞穴遗址的试掘》，《考古》1976年3期）。这是目前所知国内最早的有关头骨穿孔的报道。但是头骨的研究者把这些"穿孔"现象归入"伤痕"一类，而且认为仅有四个头骨有明显的人工伤痕。（张银运、王令红、董兴仁《广西桂林甑皮岩新石器时代遗址的人类头骨》，《古脊椎动物与古人类》15卷1期，1977年）

BT2M7头骨　头骨较完整，可能属一老年女性个体。

其颅顶部稍偏右侧的地方，有一呈马鞍形的骨壁下陷区。下陷区包括近前囟部左右顶骨和额骨，边缘近似于椭圆形，长轴约98毫米，短轴约63.5毫米，向额鳞和右顶骨辐射出数条长短不一的裂线。从发掘出土时的现象观察，研究者认为"该头骨颅顶下陷现象很小可能是死后在地层中由于局部挤压所致，也很小可能是死者在洞内居住期间被偶然的洞顶落石击伤所致，很大可能是被棒状物猛击所致。"（见上注张银运等文，下同）

DT2M1头骨　属一老年男性个体。其左侧颧骨靠近左眼框外下角处断去一块，呈一近似于三角形的截面，边缘锐利。这一截面的成因，"既不可能是啮齿类动物的啃咬所致，也不可能是在地层中被腐蚀或被挤压所致"。研究者认为该截面很可能是被利器劈削所致。该头骨的眉间部还有一36毫米×9毫米大小的条形缺口，由额结节处下方斜向左眼框上内角，透穿骨壁，边缘平整，研究者认为"也很可能是一种人工伤痕"。

DT2M1头骨　属一老年女性个体。头骨上明显可见有五个穿透骨壁的空洞，右侧顶骨结节部一个、右侧翼区二个、枕外隆凸右下方处一个、左顶骨乳突角处一个。右顶骨上的空洞形似等腰三角形，底边长约17.5毫米，高约11.2毫米，边缘平整。研究者认为，虽然梅毒或麻风等疾病也能造成头骨骨壁穿孔，常位于额部或颅顶部，但表现为虫蛀状的边缘，或较多地损害骨外板结构；考虑到该头骨上这一空洞的形状、位置、大小及其边缘的状况等，研究者排除了空洞为豪猪等啮齿类动物啃咬或由洞顶崩塌的石块所击穿或被某些植物根系分泌的酸性物质溶蚀所致的可能性;而认为很大的可能是人工的,是由某类"尖状器猛力穿刺而成"。其余四个空洞的情况,研究者也倾向于类似的解释。

BT2M4头骨 为一老年男性个体。眉间部有一条形缺口,长38毫米,宽约9毫米,从右眼眶上内角横向左眼眶上内角,穿透骨壁,边缘整齐,研究者认为也同样属于人工创伤性的痕迹。

甑皮岩遗址居民属蒙古人种,与蒙古人种中的南亚种族最为接近,但与现代南亚种族有一定程度的差别。在头骨形态上与华北组特别是与半坡遗址的居民最为接近。

(二)青海柳湾(参见潘其风、韩康信《柳湾墓地的人骨研究》,《青海柳湾》附录一,文物出版社,1984年)

M895 系马家窑文化马厂类型的老年男性个体,在颅枕骨左侧有一直径约13毫米的圆形创孔,创孔周缘有炎症及新生骨芽痕迹,但周围没有骨折现象。由创口的现状推测,研究者认为可能是尖锐的利器戳刺造成,受创后并未立即毙命,创口曾经历过一段时间的感染。

M1054 属于齐家文化的中年男性个体,在颅右顶骨中部有一直径约7毫米的圆孔,创口穿透颅骨板,孔缘光洁整齐,无骨折或炎症痕迹。研究者由此判断"该个体在受创后立即死亡"。创孔周缘之整齐与现今用钻头旋成之孔极相似。

柳湾墓地包括半山、马厂及齐家三种不同的文化类型,其居民在体质上没有明显的差异,"基本上属于相同的体质类型"。柳湾合并组的体质特征显示出明显的蒙古人种特征，其主要体质特征的测量值都没有超出亚洲蒙古人种的上下界限值。比较而言，研究者认为它与东亚类型比较接近，与东亚类型中的现代华北类型也接近。

（三）青海民和阳山（参见青海省文物考古研究所《民和阳山》，文物出版社，1990年，145页）

M73　系一单人一次墓葬，死者为一45岁的成年男性，头骨上有一"圆形小孔"，因孔周无愈合现象，研究者推测此人是因此而死。属马家窑文化半山类型。

（四）新疆天山阿拉沟墓地（参见韩康信《阿拉沟古代丛葬墓人骨研究》，《丝绸之路古代居民种族人类学研究》，新疆人民出版社，1994年，117～118页）

M4⑤　老年男性头骨。头骨上共有二处骨创伤，一处为鼻骨骨折，另一处是额骨凹陷骨折。后者位于额鳞后部左侧稍近中矢线处，其后缘与冠状缝大致相齐。伤口形态近圆形，其外径约为36毫米×33毫米。骨折后向颅腔内塌陷约7毫米，塌陷部分呈不太规则的椭圆形槽坑状。所有骨折处骨组织均已伤后修复愈合，仅留下圆形骨折线痕迹，塌陷处骨折痕迹也已模糊呈粗糙的骨痂状，仅在圆形骨折线后部近中处留下尚未完全封闭的细孔向颅腔内穿透。研究者认为，死者生前遭受了某种圆钝凶器如圆钝石、金属锤类猛烈打击，但在受伤后，骨伤曾自愈而存活了一段时间。并且认为鼻骨伤也可能与此同时形成。

M4⑥　中年男性头骨。在这具头骨上发现一穿孔骨折，创口位于左侧翼区略偏上方，呈圆形穿孔骨折伤，穿孔长短径约为28毫米×22毫米。穿孔处的骨折片已经断落，骨折缘断面没有任何组织修补痕迹，仅在该穿孔的前上缘留下一小部分似剥落的月牙形骨折片，在创孔的周围骨面上也没有形成辐射状骨折线。研究者认为，死者在遭到某种硬质圆钝石质或金属质凶器快速打击后，立即毙命。

阿拉沟墓地的营建时间被认为是距今约2600～2100年（新疆社会科学院考古研究所编《新疆考古三十年》，新疆人民出版社，1983年），大概相当于中原地区的春秋晚期到汉代，研究者推测此墓地为古代车师人所建（参见上注韩康信《阿拉沟古代丛葬墓人骨研究》）。此墓地在已测量的58具成年头骨中，可属欧洲人种支系者明显占优势（约占49具），其余7具可归属于蒙古人种支系或两个人种支系混杂类型。具体说来，M4⑤的头骨形态与中亚两河型及地中海型皆有些相似。M4⑥的头骨形态介于中亚两河型与地中海型之间。

（五）新疆哈密焉不拉克墓地（韩康信《新疆焉不拉克古墓人骨种系成分之研究》，《丝绸之路古代居民种族人类学研究》，226～227页）

86XHYT21M5头骨 中年男性头骨。头骨上有五处"骨折伤"。第一处在左顶骨前部中间紧靠同侧冠状缝后沿，是为圆形塌陷骨折，其口径约25毫米，周围环状骨折线已经愈合但并没完全隐没，塌陷最深处约8毫米。颅腔内相应内骨板之环形骨折直径更大，骨折线亦愈合但未全然隐没。此骨折向颅腔内塌陷较轻，大概没有超过5毫米。因此伤后没有严重压迫脑组织而致死。第二处伤紧靠右顶结节上方，呈一长约34毫米的椭圆形穿孔骨折，骨折区内的骨片完全断离脱落，并从穿孔的前缘和外后缘各形成一支辐射状骨折线，前者一直延伸到前囟部，后者向下后方延伸约25毫米分叉，其中一支折向后方，另一支续延到枕乳缝。第三处在右侧前外侧框上部分，为一较大型略近长圆的穿孔骨折，其长径约45毫米，骨折区内骨片也完全断落。此穿孔还与同侧翼区的不规则较小穿孔相连续（研究者推测后者可能是死后人为破裂）。第四处在额眉间上方，为小型穿孔骨折，创口直径约5毫米，穿孔周围外骨板折裂剥落，呈不规则四边形，创口开口方向朝前外侧，表明凶器力线方向与骨面成一锐角。第五处在左额后部靠近冠状缝，成一细小的戳穿骨折孔，其外骨板骨折区仍保存部分骨折片。研究者认为此个体在遭到第一处骨创伤后，创口骨组织修补愈合痕迹表明其仍存活了一些时间。以后几处创伤未发现任何修补愈合痕迹，表明该个体死于这些创伤形成之时。

86XHYT22M1头骨　壮年男性头骨，头骨靠近左侧顶骨上外角处，有一直径约0.6厘米的圆形穿孔骨折，骨折区骨片已断裂脱落，创孔骨外板呈圆形，边缘整齐，未出现骨折线，骨内板呈喇叭形剥落，其损伤面积较外骨板穿孔为大。

86XHYT2M2表层中部偏西壁处头骨　40～50岁女性破碎头骨，其右侧眶上部、左侧眶上缘、左顶结节下到颞鳞之间和右侧颞鳞上方也分别有穿孔骨折。

86HXYT10M5头骨　少年男性头骨，左侧顶结节处发现穿孔骨折，具体不详。

86XHYT12西北处头骨　一成年女性残头骨，其残颅片右前额有一穿孔骨折。

焉不拉克墓地从西周早中期（上限甚至可达商代）一直延续到春秋中晚期（新疆维吾尔自治区文化厅文物处、新疆大学历史系文博干部专修班《新疆哈密焉不拉克墓地》，《考古学报》1989年3期），经历了比较长的时期，经过详细鉴定的T21M5和T22M1均属二期，即相当于中原的西周晚期至春秋早期。两墓墓主在形态上都属于欧洲人种支系类型。值得注意的是，在已经鉴定的29具头骨中，可归属东方蒙古人种支系的约占21具（男11、女10），可归入西方高加索支系的约8具（皆男性）穿孔头骨的出现，研究者认为从一个侧面反映焉不拉克古墓时代居民或个人或社会组织集团间的矛盾冲突（见上注韩康信《新疆焉不拉克古墓人骨种系成分之研究》）。或者认为在相当于西周和东周之交时期，该地区可能经历过某种较大的变乱。

（六）新疆和静察吾乎沟四号墓地（参见新疆文物考古研究所、和静县文化馆《和静察吾乎沟四号墓地1987年度发掘简报》，《新疆文物》1988年4期）

四号墓地出土87具人骨，经韩康信先生等鉴定，其中头骨穿孔者共有15具，占全部出土头骨的17%左右（承韩康信先生和张君女士告知，志此鸣谢）。由于详细的鉴定报告尚未发表，我们仅依据简报及研究论文的综述（参见上注刘学堂文）把头骨穿孔情况择要说明如下。

A．圆形孔19例。直径大体相同，一般都在1.5厘米左右。

B．方形（或矩形）孔7例。规整，边长大于或小于1厘米。

C．长形，但形状不规则，10例。这种孔比圆形或方形孔面积大。有两种，一种长形的边缘较直，一种边缘不规则，部分边缘上有"凵"形或半圆形痕。

D．其他破裂穿孔，不规则形，8例。这种孔是所有孔中面积最大的一种，部分孔的边缘有骨折线，边缘上有"凵"形或半圆形痕。

E．塌陷骨折伤痕，3例。塌陷痕一般呈半圆形或椭圆形，下陷0.5厘米左右。

F．砍伤痕，形状不规则，穿孔或尚未穿透头骨时留下的不规则条状，有的是砍削骨骼后留下的斜的削面。

在以上六种情况中，A、B两种出现的频率最高，孔的大小较为一致，一般一个头骨上都有一个或数个，有的孔集中在一起，有的孔则分散到头骨各处，但总的看来并无特定的穿孔位置。孔壁上基本不见骨折线。C、D两类孔面积较大，一次性形成的孔洞为直边，骨壁内外有干化的肉质层，被认为可能是钝器猛击的结果。其他不规则形孔，因其中一些孔的边缘有"凵"形和半圆形痕，被认为是方形或圆形孔的遗留，说明至少一部分这类的孔同方形或圆形的穿孔过程相关。最后两类孔被认为是外力猛击的结果，前者的凶器是钝器，后者的凶器是锋利器。

M130：A　成年男性，头上钻凿有4孔，头顶2、左前额1，均圆形，孔径16毫米，右顶上的一个7毫米见方。

M73：B　成年男性，头骨上有8个孔。第一处位于冠状缝右侧中段，直径约15毫米；第二处位于右顶骨中部，形态同上；第三处位于右侧翼区，为不规则形，靠额部的边缘呈"]"形，为方形孔的遗痕；第四处位于右侧，顶骨靠近颞鳞处，为不规则形，底部边缘呈"⌊"形，亦为方形孔的遗痕；第五处位于右侧孔突上方人字缝处，为不规则形；第六处在枕骨大孔左下方，略圆，直径15毫米；第七处位于左侧顶骨中部，很小的菱形，未透，为尖锐器戳伤痕；第八处位于人字点处，为25毫米×5毫米的条状砍伤痕。

M113：B　成年男性，头骨上有4个穿孔。第一处位于额骨左侧，直径15毫米；第二处位于左侧顶点近人字点处，长形孔；第三处在左侧翼区，不规则状孔，孔的一段边缘呈"]"状，为方形孔的遗痕；第四处位于左下颌枝，从后上方向前下方倾斜砍削，削面整齐。

M113：C　成年男性，头骨上有5个穿孔。第一、二、三为规整的方形穿孔，位于右侧顶骨中部，相邻排列成"品"字形。第一孔边长12毫米×12毫米；第二、三孔边长7.5毫米×7.5毫米。第四孔位于枕骨上方左侧，紧邻人字缝，不规则长形，孔的一段边缘上有方形孔的遗痕。第五孔位于顶骨左侧，为一椭圆形塌陷骨折伤，长径40毫米，短径37毫米。

察吾乎沟文化距今3000～2500年，约相当于中原地区的西周中晚期至春秋时期，从埋葬风俗及人骨材料分析，墓葬的主人属于欧洲人种支系（承韩康信先生告知，志此鸣谢）。察吾乎沟文化是目前中国境内发现头骨穿孔现象最多、形态变化最大的一处古代墓葬。

（七）新疆且末县扎洪鲁克古墓葬（巴音格楞蒙古自治州文管所《且末县扎洪鲁克古墓葬1989年清理简报》，《新疆文物》1992年2期）

89Q2M1　在此墓第三层埋葬有5颗人头及1具躯干。其中一个为老年男性头骨，颅顶前有两个约20毫米左右的圆洞，相距约30毫米，洞缘陈旧，据报告说"似当为被击杀时的致命伤"。

另外，据说在河南贾湖裴李岗文化遗址中发现3个人头骨上有穿孔现象（承张居中同志告知，志此鸣谢）。新疆伊犁地区的所谓乌孙墓、吐鲁番鄯善县洋海墓地也有一定的发现（参见上注刘学堂文）。兴隆洼遗址出土的人头骨上虽没有发现穿孔现象，但某些动物如鹿的额骨上也有圆的穿孔（承刘国祥同志告知，志此鸣谢），值得注意。

三　世界其他地区的考古发现

（一）欧洲

自19世纪初在法国的诺热特—莱斯—里盖斯（Nogent-les-lierges）遗址发现史前的穿孔头骨（Stuart Piggott 1940. A Trepanned Skull of the Beaker Period from Dorset and the Practice of Trepanning in Prehistoric Europe, *Proceedings of the Prehistoric Society for* 1940（*Jan.-July*），New Series Vol.Ⅵ, Part 1, pp.112-132. 西方学术界对此认识不一，也有人认为最初是在南美的科斯科Cosco发现的，时在1863～1865年。见 D. R. Brothwell 1963. *Digging Up Bones*, p. 126.

London），以后，一百多年来考古学家在欧洲、太平洋岛屿、南美、北美、亚洲与非洲等地发现了数以百计的头骨穿孔实例。民族学家则发现，一直到19世纪，头骨穿孔"手术"还在北非、南美、西伯利亚、美拉尼西亚、波利尼西亚等地广泛地流行（参见上注D. R. Brothwell 1963，p. 126）。从考古学上看，欧洲与南美是头骨穿孔现象发现最为集中的两个地区（参见E. Guiard 1930）。特别是欧洲，早在古希腊时代，医学之父希波克拉底（Hippocrates，前460～前360?）就提到过头骨穿孔现象，不过他是把穿孔当成医疗某种头骨创伤的手术记录的（K. P. Oakley et al. 1959. Contributions on Trepanning or Trephination in Ancient and Modern Times, *Man*, Vol. LIX, Articles133-176, p.93）。据1940年英国考古学家皮戈特（S. Piggott）的统计（参见前注Stuart Piggott 1940），在20世纪40年代以前，在包括法国、瑞士、捷克和斯洛伐克、德国、丹麦、瑞典、英国、比利时、葡萄牙、西班牙在内的十几个国家里就有98个地点发现有多少不一的头骨穿孔实例（其中有个别是前卤上有T形切痕所谓"Sincipital T"的例子。参见上注Stuart Piggott 1940附录），而这仅仅是经记录的有出土地点的那一部分。数目之多，令人咋舌。在地域上分布最集中的三个地区是法国南部的塞文山脉一带、巴黎盆地以及捷克斯洛伐克地区，尤以前两个地区为甚。最初的零星发现据说是在早期多瑙河文化中（公元前3000年左右），而在公元前2000年前后的由钟杯战斧文化（battle-axe）的人们在法国塞纳—马恩（Seine-Oise-Marne）省地区建造的箱室墓（chambered tomb）中最为常见。除了历史时代的发现之外，史前欧洲的头骨穿孔现象，一直到北欧的斯堪的那维亚半岛的铁器时代（公元前200年）还在延续着。最早的几例穿孔头骨，一例出土于法国东部距莱茵河上游不远的林哥谢姆（Lingosheim），该头骨有两个圆孔，据分析，一个是死前穿孔，另一个是死后穿孔的，属多瑙河二期文化。第二例发现在德国斯图加特的堪斯塔特（Cannstadt），属多瑙河一期文化。另外丹麦凯乐罗德（Kellerod）和干达罗斯（Gandlose）石棚（dolmen）出土的穿孔头骨，年代与此相当也被视为是最早的发现之一。由此看来，头骨穿孔现象是由中欧和北欧起源的。然而，大量的发现并不在这几个地区，皮戈特（Stuart Piggott）认为最好抛开这些零星的早期发现，去分析那些头骨穿孔现象如此之多，实际上穿孔已经不能用正常的外科手术而只能用宗教的和礼仪的意图去解释的地区。（参见上注Stuart Piggott 1940）

在欧洲史前发现头骨穿孔现象的地区，虽然由于早期的描述极不完备，绝对年代也不甚清楚，但是皮戈特认为似乎存在着一个从法国南部的洛泽尔省向北传播到巴黎盆地，再向东向北向西传播至中欧、东欧和北欧以至于英伦三岛的这样一个过程。他的证据除了法国南部的年代整体说来相对较早之外（公元前1900～前1500年），就是该地区头骨穿孔比例相对较高。比如在洛泽尔省的普罗聂列斯（Prunieres）遗址及其他遗址的巨石箱室墓中，就发现了200多例穿孔头骨，比例相当高。在稍北的维埃那省（Vienne）的圣马丁河（St. Martin-La-Riviere）地区的埋葬有60个人骨的三个合葬

墓中，发现的穿孔头骨占全部头骨的近8%，这也是其他地区所罕见的。（参见上注Stuart Piggott 1940）

欧洲的头骨穿孔经研究有三种方法，最常见的是刮剥法（scapling technique）和挖槽法（grooving technique）。前者是用刀不停地刮剥头骨上的某一部分，先是外骨板，然后是板障骨，最后再把贴近人脑的内骨板剥离，这种方法一般易在头骨壁上留下比较宽的斜面，并且不可能留下圆盘状的或者用作护身符或者用以复原穿孔的骨片，这种方法从丹麦的凯乐罗德到西班牙的帕哥巴科查（Pagobakoitza）遗址，再到英国的爱谢姆（Eynsham）和奥文典（Ovingdean）遗址，在欧洲广为存在。

挖槽法系用刀在头骨某一部分的周围切出一个沟槽，最后把中间的圆骨片挖出来，通常当外骨板被切穿后，板障骨极易切割，然后用刀把圆盘状骨片撬出来。据研究，这比继续用刀把内骨板切开要安全得多。其典型例子就是英国多塞特郡（Dorset）克里切镇（Crichal Town）大口杯文化所发现的穿孔头骨（A. J. E. Cave 1959. The Surgical Aspects of the Crichel Trepanation. *Man*，Vol. LIX，pp.131-132）。穿孔系在左顶骨的后部，头骨片基本上呈圆形，长径74.2毫米，短径65.7毫米。穿孔切面的外径大于内径，切面由外向内倾斜。由穿孔周围的刮痕分析，外骨板的切割是颇费工夫的。头骨片是在提取死者的骨架时在墓中发现的，研究者认为，死者在入葬时头骨片用绷带之类的东西又被固定在穿孔上。在法国的塞文地区及法国北部的SOM文化（SOM文化即法国塞纳—马恩地区Seine-Oise-Marne新石器时代文化的简称）中，从头骨片上切割圆形骨片的现象非常易见。在普罗聂列斯发现的一个穿孔头骨，研究表明该个体生前及死后都经过穿孔，死后又被人以从另外一个头骨上取下的骨片贴在左顶骨的穿孔上。

第三种方法是"锯切法"（saw-cut technique）。在欧洲仅见一例，是用刀锯在四个方向上切割头骨的某一部分，穿孔呈方形。该头骨是在法国的德塞夫勒（Deux-Sorres）省的利塞尔斯（Lisieres）发现的。从愈合的痕迹分析，手术相当成功。这种穿孔方法见于南美的前印加和早期印加文化中（T. D. Steward, 1957. Stone Age Skull Surgery: A General Review with Emphasis on the New World, *Annual Report Smithsonian Institution*, pp.469-491），也在巴勒斯坦的拉奇什（Lachich）发现过。

由于缺乏详细的描述，研究者很难划分前两种方法在欧洲的分布，但是皮戈特认为，总的看来，刮剥法似乎比挖槽法更普遍。在法国，这两种方法都很普遍，比如在文德累斯特（Vendrest）的头骨上发现有4个刮剥穿孔和7个挖槽穿孔（其中一个头骨上面有3个孔，另一个头骨上面有2个孔）。在捷克斯洛伐克，刮剥法最普遍，而从照片观察科斯塔罗夫（Kostalov）的头骨似乎也有一个是由挖槽法挖成的穿孔。德国的头骨穿孔主要是用刮剥法做成，然而与此相距较近的丹麦的朗塔夫特（Lundtofte）青铜时代和伐夫别列福（Vavpelev）铁器时代的穿孔头骨则是用挖槽法做成。英国的克里切和比斯雷（Bisley）出土的头骨系用挖槽法穿孔。而葡萄牙卡沙达谋拉（Casa da Moura）的头骨也是用挖槽法穿孔。尽管如此，皮戈特认为上述两种方法不具有文化上的意义。换言之，以上述两种方法穿孔的欧洲史前头骨在地理上是交叉分布的。（参见上注Stuart Piggott 1940）

（二）亚洲

亚洲的头骨穿孔现象相对欧洲要少一些。高加索地区在19世纪曾发现过穿孔头骨和头骨片，但年代不明。苏联考古学家陶戈里（Tallgren）曾报道过南西伯利亚奥戈拉科台（Oglakty）的一例穿孔头骨，穿孔是在汉墓出土的一个木乃伊的前卤发现的，穿孔很大（A. M. Tallgren 1936. The South Siberian Cemetery of Oglakty from the Han Period, *Eurasia Sept. Ant.*, Vol.XI, pp.69-90, fig.2. 原文未见，转引自上注Stuart Piggott 1940）。巴勒斯坦的杜维尔土丘（Tell Duweir，即Lachish）铁器时代（公元前1000年）墓葬也曾发现过两例穿孔头骨（T. W. Parry and J. L. Starkey. 1936. Skulls with Surgical Holing at Tell Duweir, *Man*, pp. 233-234）。20世纪50年代，又在地中海东岸的耶里哥（Jericho）发现了另外一例青铜时代的穿孔头骨（参见上注K. P. Oakley et al. 1959）。另外，在蒙古西北部乌兰古木古墓地也发现有头骨穿孔现象，该墓地属萨彦·图纷文化，时代上属公元前5～前3世纪，据称这些头骨穿孔与我们新疆地区的上述发现极为相似。（参见上注刘学堂文）

由于资料的限制，我们对这一地区近年来的发现不甚清楚。该地区的头骨穿孔特征和方法可从上述拉奇什和耶里哥的两例了解梗概。从已有的发现看，穿孔的方法有三种。一种是锯切法，比如拉奇什的一例。穿孔在头顶骨后侧，略成长方形，锯切线分别向四个方向上延伸，形成"井"字形（图二）（参见上注K. P. Oakley et al. 1959及D. R. Brothwell 1963）。另一例是在耶里哥发现的穿孔头骨，额首及顶骨上共有4个穿孔。额首正中偏左的穿孔仅2毫米，但周围的骨折塌陷区直径达30毫米。研究者认为此孔周围有愈合痕迹，显然此孔没有立即造成该个体的死亡。另外的3个穿孔，两个位于额骨右侧靠近冠状缝的地方，另外一个横穿冠状缝，大部分穿孔在右顶骨上，与其他二孔形成一个"品"字形。3个孔的孔径分别是22.2、23.3和15.4毫米（图三），这三个孔的形成时间较第一个穿孔为晚。三处的穿孔，皆圆形，外口径大于内口径，截面几近垂直。据研究者观察认为，三个孔周围因皆无愈合痕迹，显然穿孔是导致死亡的直接原因之一。与第一个穿孔不同，这三个穿孔周围有许多工具切割的痕迹，有一些刮痕与边缘的切线成直角，研究者认为这是由于对边缘的修整所致。考虑到这三个孔的形状很小、内孔收缩的特点，它们很可能是为了切割一个大孔而率先在周边穿

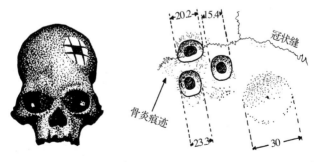

图二　拉奇什出土的"井"字形穿孔头骨示意图（据Steward 1957）

图三　耶里哥出土穿孔头骨示意图（据Oakley 1959，长度单位：毫米）

凿小孔所遗留下来的没完成的"遗迹"。在三个小孔周围有骨炎的痕迹，有的研究者倾向于认为在这三个穿孔完成后没有立即造成个体死亡。考虑到三个孔很小，不能用来取下圆形骨片的事实，这些穿孔也被认为是为了治病所施行的"手术"。（参见上注K. P. Oakley et al. 1959）

（三）美洲

主要发现是在南美的前印加和早期印加文化中。常见的是锯切式的方形穿孔，但是也有刮剥法或者挖槽法穿凿的圆孔。最典型的一例是出土于秘鲁的科斯科（Cosco）。穿孔头骨（公元1000年），死者系一中年男性。额骨及顶骨上共发现了7个穿孔（图四），穿孔一在额骨左前方，后边切在冠状缝上，内孔径最大43.3毫米；穿孔二在额骨上距前囟10毫米的中线上，最大内径36.6毫米；穿孔三在右顶骨前下方，前边切在冠状缝上，边缘较其他几个粗糙，最大内径23.3毫米；穿孔四与三相邻，最大孔径为34.7毫米；穿孔五距前囟点约1～2毫米，中心几乎正切在矢状缝上，最大内径40.4毫米；穿孔六大约位于左顶骨的中间，骨障板比其他几个孔暴露较多，截面较斜，最大内径31.0毫米；穿孔七与六相接，左边靠近颞骨，截面较穿孔六不规则，内口分离，外口则部分重叠在一起，最大内径约26毫米。这些穿孔的最大特点是外径大于内径，穿孔皆圆，而且都有明显的愈合痕迹。虽然无法判断穿孔是否都在同一时间完成，但是从愈合的程度看，不能排除这种可能性（参见上注K. P. Oakley et al. 1959）。过去在南美曾发现过一个头骨上有5个穿孔的例子。科斯科的头骨穿孔数目之多是目前中国之外地区已知最

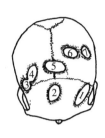

图四　科斯科出土穿孔
头骨示意图（据 Oakley
1959）

图五　先钻一圈小孔再把连接处切
掉的穿孔方法（仅见于南美，据
Brothwell 1963）

多的一例。在南美还有一种穿孔的方法，是颅骨上钻出一圈相邻的小圆孔，然后切掉相邻之间的骨板，最终取下一个大圆盘骨片来（图五），这种方法在其他地区罕见。（参见上注 D. R. Brothwell 1963）

四　中国与世界其他地区的
头骨穿孔现象的比较研究

头骨穿孔在英语中称为 trephining 或 trepanning，其意义相当明确。比如皮戈特是这样定义的："头骨穿孔是指从头骨上移下一块骨头并把脑膜（cerebral dura mater）暴露出来——这是世界上广为流行的原始的外科手术。"（参见上注 Stuart Piggott 1940，p.113）一般英文词典的解释是"（医）用环锯（钻）；（在颅骨上）穿孔、开孔；（从金属板等上）切出圆盘形物；钻出（岩心）"（《英华大词典》，商务印书馆，1989年，修订第二版，1481页）。虽然更中性一些，但是至少包括两个含义：（1）在头颅上穿孔叫"头骨穿孔"；（2）从头骨上取下圆盘状骨片（roundal或disc）也叫"头骨穿孔"。头骨穿孔虽然在许多西方著作中都被认为是颅骨手术的一种（参见上注E. Guiard 1930和D. R. Brothwell 1963），但似乎并不否认死后的穿孔也属人骨穿孔的一部分（但称为posthumous trepanation）。不过对于头骨损伤所造成的穿孔现象则不被纳入"头骨穿孔"的范畴。头骨损伤包括：（1）由大石块或木棒所击形成的穿孔，此类损伤一般造成头骨塌陷区，向外并有放射状裂纹；（2）由小木棒、飞石等击中所致的穿孔，此类损伤一般不能致人死亡，所以在头颅上可见到某种愈合痕迹；（3）被镞、匕首、矛等击穿所致的创口，此类穿孔一般外径小于内径；（4）被剑或刀斧砍劈所致的穿孔，穿孔周围可能会有伴随的裂纹。有的创口上有深深的切割痕，或者正好切下一个圆盘状头骨片，虽然形成的穿孔形状与真正的头骨穿孔相似，但仔细观察还是可以发现不同之处。除此之外，还要剔除那些人死后形成的颅骨穿孔现象，包括：（1）被后人或者发掘者的挖掘工具所致，这类穿孔在骨头潮湿松软的时候极易造成；（2）尖锐石头的缓慢重压所致；（3）头颅某一部分的选择性侵蚀，特别是该部分已经骨折或者破碎；（4）甲虫、豪猪或其他啮齿类动物啃咬所致；（5）顶骨先天缺陷形成的骨壁薄或圆形穿孔；（6）梅毒等疾病有些时候也能造成类似真正"头骨穿孔"的穿孔

（参见上注D. R. Brothwell 1963，pp.123-126）。要言之，头骨穿孔是为着某种目的而有意为之的人工穿孔。

依照这一标准检视我国的材料，甑皮岩出土头骨的所谓"人工穿孔"现象大部分可被视为"伤痕"一类。比如，BT2M7头骨不仅下陷区很大，而且向周围辐射出长短不一的射线，很显然是棍棒或石块击打所致。其他几个头骨，穿孔也不规则，而且穿孔边缘平整，显然也是重器击打所致。某些穿孔虽然不能排除是为了吸取脑髓的需要而为，因而也属有意为之，但与一般意义上的头骨穿孔有别。

青海柳湾的M895马厂类型男性个体，头骨穿孔据研究者鉴定是由尖锐的利器戳刺造成，但是从照片观察，穿孔形状非常规则，直径又小，周围没有骨折现象，也没有通常利器戳刺造成的塌陷及骨放射线，因此很难排除是一种手术行为。由于周围有炎症，这种分析如果合理，说明此人手术后没有立即毙命，还活了一段时间。M1054齐家文化的中年男性个体，右顶骨上的圆孔小且规整，无骨折及炎症痕迹，虽然不能排除"该个体在受创后立即死亡"的可能，但也不排除该穿孔系生前施行手术或者死后穿孔留下的痕迹，后者的可能性似乎更大。民和阳山的M73墓主，因为没有鉴定材料可资参考，虽然报道"此人是因此穿孔而死"，但也不排除死后穿孔的可能性，因为周围无愈合痕迹也无骨炎的迹象。

阿拉沟墓地M4⑤老年男性头骨的额骨凹陷骨折面积大，且有明显的骨折线，无疑应是某种钝器所击而致，与穿孔无关。M4⑥中年男性个体虽然创孔的周围没有形成辐射状的骨折线，但从穿孔的形状及残留的月牙形骨折片分析，应当是重器击打所致，也不是真正意义上的穿孔。

焉不拉克墓地86XHYT2M5墓主头骨，由重器击打的痕迹非常明显，因此可以排除是人工穿孔。T22M1壮年男性头骨上的穿孔，直径仅0.6厘米，外缘整齐，不见骨折线，内径大于外径且不见骨折线，虽然难以排除是穿透力极强的金属箭头之类击中所致，但也很难否定是生前或死后的人工穿孔。

察吾乎沟文化四号墓地发掘的十余具穿孔头骨，大多都存在一个以上的穿孔，正如研究者分析的那样，除E、F类孔属利器或钝器猛击所致之外，其余穿孔特别是A、B类穿孔显系人工有意所为。

且末县扎洪鲁克古墓89Q2M1出土的穿孔头骨，穿孔直径约2厘米，虽被认为是"被击杀时的致命伤"，但考虑到形态及大小等特征，似乎也应是人工穿孔。

武陟大司马龙山文化头骨的穿孔，边缘整齐，周围无愈合修复痕迹。虽然头骨的大部分已不见，因而难以断定穿孔是在完整的头骨上或者本来就在残破的头骨片上进行，但显系人工穿孔无疑。

关于头骨穿孔的方式，如前所述，由世界其他地区的发现可知基本上表现为刮剥、挖槽及锯切三种。从理论上讲，只有后两种方式才能挖出圆盘状骨片来。这三种穿孔方式在欧、亚、南美都不同程度地存在，尽管前两种方式似乎更普遍一些。中国的穿孔材料，大部分描述比较简略，因此很难判断其穿孔方式。如果上述有关穿孔的判断可以接受，那么基本可以认为柳湾的两例穿孔头骨、焉不拉克T22M1壮年男性穿孔头骨以及武陟大司马的穿孔头骨，其穿孔是由刮剥法钻成的。当然也可能是由石、骨或者金属器钻成。因为这些圆孔不仅形状规整，而且直径很小，特别是柳湾M1054齐家文化的头骨穿孔，与"今日用钻头旋成之孔极相似"，直径只有7毫米，显然穿孔的目的不是为了取下圆盘物。大司马与焉不拉克T22M1的穿孔在形态上近似，都是边缘整齐，骨内板呈喇叭形剥落，显然是不断地刮剥所致。扎洪鲁克墓葬出土的头骨，穿孔直径达2厘米，虽然我们不知孔壁的形态，难以对穿孔的方法做出判断，但参考欧洲的例子，这种穿孔也可能是用挖槽法完成，不排除以取下"圆盘状物"为目的的穿孔的可能性。察吾乎沟四号墓地的头骨穿孔材料尽管还没有公开发表，但从学者的研究论文（参见上注刘学堂文）分析，穿孔的方法恐怕并非一种，圆形穿孔大概既有刮剥也有用挖槽法凿成的可能性，但考虑到穿孔的直径一般1.5厘米左右甚至更小，而且经高倍放大镜观察孔壁，发现有用极小的刃器，依次刮剥留下清晰的痕迹，我们认为刮剥法穿孔的可能性更大一些。若此，恐怕大部分圆形孔不是为了取下圆盘物。至于方形孔和长形孔，恐怕也是刮剥法穿孔留下的痕迹，只不过刮剥的方向与圆形孔不一样（据韩康信先生告知，察吾呼沟墓地基本不见挖槽法做成的穿孔，证实了作者的分析）。方形孔的直径很小，也很难是出于取下方形骨片的目的而为。

　　关于穿孔的位置，欧洲的材料表明，穿孔从不在枕骨施行，额骨上也不多见。但捷克斯洛伐克和丹麦的哥来德霍夫（Grydehof）是例外，这里的额骨穿孔比例非常之高。最常见的穿孔位置在顶骨，似乎左顶骨更受偏爱。上述发现自亚洲、美洲的材料，穿孔则遍及顶骨和额骨，而以顶骨为常见（参见上注Stuart Piggott 1940）。中国的头骨穿孔，柳湾M895在颅枕骨左侧；M1054在右顶骨中部；焉不拉克T22M1在顶骨上外角处；武陟大司马在左顶骨结节靠后的部分。从察吾乎沟四号墓地头骨凿孔示意图分析（图六）（参见上注刘学堂文），穿孔在顶骨、额骨、枕骨上都有发现，而且枕骨上的穿孔比例还相当之高，表现了某种地区特点。柳湾、阳山、焉不拉克及大司马的头骨皆为1个穿孔，察吾乎沟与扎洪鲁克的头骨则在2个或2个以上，特别是察吾乎沟的穿孔头骨，少则二三个，多则可达8个（如87M73：B，去掉F类穿孔的2个，还有6个）。新疆地区的头骨穿孔在形态上显然与中国其他地区的发现有别。

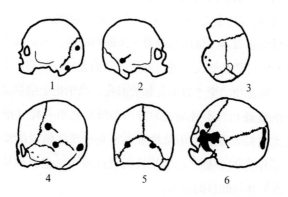

图六　新疆察吾乎沟四号墓出土头骨穿孔示意图
（据刘学堂文）
1、2. M201：C（左、右侧面）3. M113：C（顶面）
4、5. M129：G（侧、后面）6. M113：B（侧面）

关于穿孔的目的，从欧洲的情况分析，研究者认为头骨穿孔主要是出于治疗的目的，或者是治疗头部的创伤，或者是为了减轻头痛，也有的推测是为了治疗癫痫和精神病。这种认识并非空穴来风，因为不仅历史上欧洲有很盛的头骨穿孔手术的传统，现代民族志的例子也证明了这一点（参见上注E. Guiard 1930和K. P. Oakley et al. 1959）。从欧洲出土头骨穿孔的愈合情况看，无论是采取刮剥法或是挖槽法穿孔，手术的成功率都相当之高。有人甚至认为史前的头骨穿孔手术成功率可达50%以上（参见上注D. R. Brothwell 1963）。上述耶里哥和秘鲁出土的两例头骨穿孔显然也是手术后留下的，尽管后者的穿孔多达7个。这也说明穿孔多少与手术与否没有必然的关系。（刘学堂同志认为头骨穿孔"如果是出于治疗，一般一个小孔足矣，刻凿数个小孔，不仅无法达到任何医疗的目的，相反只能置人于死地。"参见上注刘学堂文。察吾呼沟的头骨穿孔固然不必是为了医疗的目的，但是并不能因此否定一个以上的头骨穿孔一定不是为了医疗）

一般认为头骨穿孔的目的有四个，其一，从颅骨上取下圆盘状物用作护身符，可以从活人也可以从死人身上剥取；其二，外科手术特别是用于治疗头颅创伤之类；其三，作为治疗头痛、癫痫之类的顽疾；其四，为了长寿（见上注D. R. Brothwell 1963, p.126）。比如在秘鲁和马来西亚，头颅穿孔是为了减少头颅创伤形成的对大脑的压力（见上注T. D. Steward 1957）。史前欧洲以及近代非洲的某些穿孔，是为了取下圆盘状物用作护身符（见上注D. R. Brothwell

1963）。西藏东部地区某地人死后把头割下，成排地码放在一起，形成"骷髅墙"，差不多每个头颅上都有一到二个穿孔，一般都在额骨上，剥下的盘状物有五分硬币大小，连在一起做成法师念咒的串珠，上面刻画有本生神、药王、忏罪佛、瑜伽神，大概跟超度相关。（王怀信、马丽华编导《西藏文化系列——灵魂何往》，西藏国际文化影视有限公司，1993年7月。另外国内民族志的材料还见于内蒙古锡林郭勒的贝子庙，这是1937～1938年日本人在内蒙古调查现代人的体质时发现的。发现的四个头骨上各有一个穿孔，分别位于矢状缝的两侧，穿孔直径一般在1.5厘米左右，圆且规整，但穿孔的目的不明。见鸟五郎《蒙古人头骨の研究》，人类学丛刊甲种，人类学，第二册，1941年，105～107页）

简而言之，头骨穿孔不外乎出于医疗及巫术—宗教的目的。由于古代人巫医不分，恐怕很多情况下两者是难以分解的。就中国的材料看，仅柳湾的M895穿孔头骨周围有炎症及新生骨芽痕迹。除了表明此一穿孔系在死者生前所为之外，似乎不排除手术的可能性。大司马、焉不拉克的头骨穿孔皆不见愈合及炎症迹象，实际上难以判定是生前或者死后的穿孔。察吾乎沟四号墓地的头骨穿孔往往与用钝器或锋利器砸成的E、F类创口共存，虽然更可能系死后穿孔，但是根据世界其他地区的经验，似乎也不能排除穿孔作为医疗手术的可能性，尽管孔壁规整而且没有愈合的痕迹。判断穿孔是否系医疗手术，一个重要标准是判断穿孔的时间系在生前抑或死后，而要证明这一点，主要看穿孔周围是否有炎症或愈合痕迹。中国的材料与欧洲相比，穿孔周围极少见炎症或愈合痕迹，似乎以医疗为目的的穿孔在中国不如世界其他地区流行。

除了扎洪鲁克和察吾乎沟头骨上的某些较大的穿孔有可能是为了取下盘状物之外（刘学堂同志提出，察吾乎沟的头骨穿孔是为了取下"圆形或方形的骨片，用作护身符"可备一说。但是，一则大部分的穿孔很小，二则似乎也没有提到在墓中或其他地方发现过这种穿孔后留下的骨片，因此大部分的穿孔是否为了取下骨片颇可疑）。我国其他地区的头骨穿孔直径很小，很难剥离盘状物，看来以此为目的的穿孔在中国不如欧洲流行。史前人类对于人骨的迷信和巫术因地因时而异，弗雷泽的《金枝》对此颇多论述，仅就中国的发现看来，我们也很难对头骨穿孔的目的提出一个划一的解释。事实上，排除医疗的可能，无论这些头骨穿孔是在死者生前或者死后施行，都应该是出于宗教和巫术的目的。因为即使是为了吸取脑髓，吸髓的行为更多的也不是为了生理上的需要。

关于穿孔的地理分布和可能的传播。上述较肯定的几例头骨穿孔，分布在黄河中游的河南，黄河上游的青海及新疆地区。从年代上看，前两者分属于龙山晚期、半山（阳山）、马厂文化及齐家文化，年代在公元前2000年上下或稍早。焉不拉克T22M1大约属于西周晚期至春秋早期，察吾乎沟文化年代与此相当，大约都在公元前1000年之内。青海及河南的人骨均属蒙古人种，新疆的穿孔头骨则属欧洲人种。由于发现的数量很少，很难在柳湾、阳山和大司马之间建立起某种确定的联系，但由于年代上的近似也不排除这种可能性。黄河中上游地区的头骨穿孔在形态上与新疆地区的相差很大，年代也相距甚远，基本上可以排除受前者影响的可能性。尽管由于目前对有关中亚、东欧地区的头骨穿孔材料所知甚少，但新疆地区的古代居民与欧洲及中亚地区、南西伯利亚的居民有密切的种系联系（参见上注韩康信《新疆古代居民种族人类学研究》）；其头骨穿孔现象虽然也有自己的特点，但在大的传统上显然与欧洲的风格更接近一些。不过，目前要在新疆和上述欧洲的三个头骨穿孔分布集中的地区建立起某种确定的联系，尚为时过早。

　　附记：承韩康信先生鉴定大司马出土的头骨穿孔标本，并告知柳湾的材料；刘莉博士从美国寄赠国内看不到的有关头骨穿孔的英法文资料，谨此向他们表示衷心的感谢！

（原载《考古》1996年11期）